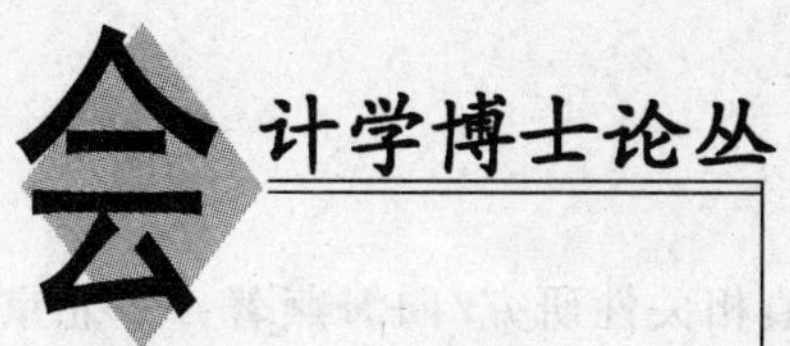

计学博士论丛

交易操纵视角下会计信息价值相关性研究

向海燕 著

中国财政经济出版社

图书在版编目（CIP）数据

交易操纵视角下会计信息价值相关性研究/向海燕著：—北京：中国财政经济出版社，2012.9

（会计学博士论丛）

ISBN 978-7-5095-3819-7

Ⅰ.①交…　Ⅱ.①向…　Ⅲ.①会计信息-理论研究　Ⅳ.①F230

中国版本图书馆 CIP 数据核字（2012）第 177362 号

责任编辑：肖　蕾　　　　责任校对：张　凡

封面设计：颜　黎

中国财政经济出版社出版

URL：http：//ckfz. cfeph. cn

E-mail：ckfz@ cfeph. cn

社址：北京市海淀区阜成路甲 28 号　邮政编码：100142

发行处电话：88190406　财经书店电话：64033436

北京财经印刷厂印刷　各地新华书店经销

880×1230 毫米　32 开　6.625 印张　153 000 字

2012 年 8 月第 1 版　2012 年 8 月北京第 1 次印刷

定价：18.00 元

ISBN 978-7-5095-3819-7/F·3125

（图书出现印装问题，本社负责调换）

本社质量投诉电话：010-88190744

学术界应以总结与探索理论为己任，会计学界也不例外。会计理论研究成果的直接载体应当说是会计学术著作，而最能反映最新会计学术观点的往往是那些中青年学者的论著，会计学博士论文就是其中新鲜的、有活力的、闪耀着思想火花的论著中的一部分。时值今日，我们会计界培养了一批又一批博士生高级专门人才，他们是会计科研的新生力量并成为会计事业发展的希望。他们的创新能力强，成果产出率高，特别是在他们的博士论文中，某些观点如经深化和完善，有可能成为全新的、具有开拓性的，甚至是代表会计领域今后创新研究的学术思想。

本此初衷，中国财政经济出版社会计分社的编辑策划了一套“会计学博士论丛”，将会计学术研究领域中那些具有较高理论水平和创新意识，能在一定程度上填补会计理论的空白并与现实需要贴近、对实务操作具有指导意义的财务、会计、审计方面的，主要是博士生的理论著作收录进来，旨在宏扬会计学理论，活跃学术氛围，促进会计理论研究向纵深发展。

我考虑这套“会计学博士论丛”的出版，具有以下意义：

一、总结和反映了我国现代会计教育的最新成果

我在1995年的一篇文章（《我国会计理论研究的若干认识》）中曾经谈到，综观当今世界，既不存在会计教育落后而会计实务先进的情形，也不存在会计教育先进而会计实务落后的情形，会计教育的变革与会计实践的进步密切相关，而会计理论研究成果也很大程度上是通过会计教育转化为对实践的指导作用的。我们每年都要培养一批博士生，他们是会计教育的较高层次上的受益者，是未来的会计理论研究者，将他们在校的研究成果去粗存精、陆续出版，应当说是能够反映我国现代会计教育的最新成果的。

二、较为系统、全面地反映了当前会计学理论与实务研究发展的全貌

综观我国近年来的会计理论研究与会计理论建设情况，很难用一句话概括，学术界的评价也褒贬不一，相持不下。现今的会计学术界也是派系林立，各院校之间门户之见颇多，财经出版社将新近完成的、具有较高理论水准的博士生论文相继出版，可以说是为会计界做了一件好事，使我们不出门便可详细了解最新的会计研究动态和成果。会计是一门有史、有论、有独特的方法与技术且包罗众多分支学科的知识体系，一两本著作，难以道其万一，出一本合集，又难免只见树木、不见森林，难以窥见会计学的动态发展，这样，出版“会计学博士论丛”不失为良策，可

以使我们动态地综观与掌握当前会计学理论与实务研究发展的全貌。

三、能够活跃未来我国的会计理论研究，丰富我国的会计理论

现阶段的在校博士生一般都具有工作或实践经验，他们除具备专业知识外，在相关经济学科知识以及电脑和外语等应用技能方面远比我们那个时代丰富，他们的思想也是非常活跃的。他们在汲取了一系列会计理论研究成果的养分之后，将其充分消化、吸收，有的还能将其发展、创新，提出新的理论观点，在学术界引起争鸣。综观会计发展史，不乏事例。将这批活跃人群的思想、观点整理出版，必将有利于丰富和活跃我国的会计理论研究。

理论是社会需要的产物。我衷心希望这套“会计学博士论丛”中能不断涌现出适应当前社会需要的、推动会计理论研究向纵深发展的著作！

2001 年 8 月 9 日

内容摘要

会计信息价值相关性，是指会计信息与公司内涵价值之间的相关度，它反映了会计信息在投资者决策过程中所起的作用，准确评估会计信息价值相关性具有重要意义。理论上，会计信息与内涵价值应该具有较高的相关性，但实证研究的结果远远低于理论预期水平，导致资本市场对会计信息的质疑和批评。对此，会计学家指出：现行价值相关性研究模型以有效资本市场假说为前提，不考虑资本市场效率对研究结论的影响，混淆了“资本市场无效”和“会计信息无价值”，低估了会计信息的价值相关性。

本书基于“资本市场尚未达到半强势有效”的现实背景，从交易操纵视角分析市场无效对现行价值相关性研究的影响，证明现行价值相关性研究存在低估的误差；构建修正的价值相关性研究模型，验证该修正研究模型在系数拟合值和判定系数两方面均优于现行模型，运用该修正模型评估会计信息的价值相关性；基于修正模型分析交易操纵者行为特征。

本书的主要工作和贡献概括如下：

1. 运用最小二乘法基本原理，推导现行价值相关性研究方程的偏差并进行实证检验

首先，通过数学推导证明：由于交易操纵导致股价偏离内涵价值，从而使得现行价值相关性研究在模型判定系数和回归系数拟合值两方面存在低估的误差，解释了价值相关性实证研究结果总是低于其理论预期值的现象。然后，对理论推导结果进行实证检验：对"被操纵公司"和"未被操纵公司"两个样本分别进行价值相关性分析并比较二者差异，发现："未被操纵公司"回归系数拟合值更接近于理论水平且模型判定系数显著高于"被操纵公司"，证实了理论推导结果。

2. 构建修正的价值相关性模型、运用我国资本市场数据验证了该模型在系数拟合值和判定系数两方面均优于现行模型；基于该修正模型评估了四类会计变量的价值相关性

修正的价值相关性模型基于"价值相关性是内涵价值与会计信息之关系"的概念界定，以理性股价表征内涵价值，建立理性股价与会计信息的回归方程来衡量价值相关性，修正了"资本市场无效"对价值相关性研究结论的影响。进而，比较修正的价值相关性研究模型和现行模型的价值相关性研究结果。发现：6 组配对比较的价值相关性模型中，修正模型的系数拟合值和判定系数均优于现行模型，证明了修正模型在评估会计信息价值相关性方面的优越性。同时分析了会计盈余及其构成、经营现金流及应计利润、股权账面净值及剩余收益、股票内涵价值等四类会计变量的价值相关性并得出结论。

3. 基于修正的价值相关性研究模型，论证了操纵者具备先于资本市场获取会计信息的优势及正确理解会计信息的能力并揭示了操纵者运用会计信息的方式

运用修正的价值相关性模型，从操纵者交易与盈余公告前后市场反应、操纵者交易与“功能锁定”两方面讨论了操纵者获取和理解会计信息的特征。发现：操纵者能够先于资本市场的其他投资者获取会计信息且能识别不同会计信息的差异化定价含义，具有优于其他投资者的信息理解能力。进而，通过考察操纵者交易与理性套利的关系，讨论了操纵者运用会计信息的方式。发现：虽然操纵者在信息获取和信息理解方面具备理性投资者的特征，但由于市场存在巨大的噪音交易风险和强烈的跟风交易氛围，所以理性投资者利用其优势实施操纵交易而非套利交易。

Abstract

Value relevance studies routinely employ regressions of contemporaneous stock prices or returns on accounting variables to evaluate how accounting information maps into those measures. Most studies of this nature are silent on market efficiency and appear to make inferences based on the implicit assumption that the stock market is efficient in semi – strong form. This normal approach ignores the market inefficiency and confuses " market inefficiency " with " the accounting information worthless " . Therefore, my analysis seeks to address this question on the respect of stock price manipulation based on trading.

Our purpose is measuring value relevance of accounting variables in the weak – strong efficient capital market. In this context, based on the related theories of behavioral finance, this dissertation tries to analyze the existence of transaction manipulation and its influence on the value relevance of accounting variables. Finally, I advance a modified method of measuring the value relevance and apply this modified method to four type of studies that attracted much attention in accounting literature: 1) the value relevance of earnings and its components; 2) the value relevance of cash flows and accruals; 3) the value relevance of book value of equity and residual incomes; 4) the value relevance of intrinsic value. I compare coefficient estimates and adjusted R^2 obtained from conventional value relevance regressions with those from regressions employing our adjustment procedure, and find statistically significant differences in both price and return regression estimates. Meanwhile, I reveal the institutional investors market status and their trading characteristics. The contribution of this paper can be summarized as follows:

Firstly, From the view of trading manipulation, based on the mathematical statistics theory, this dissertion evaluates, from first principles, how market inefficiency effects cause biases in inferences drawn from conventional value relevance studies. I find that: ①due to the existence of trading manipulation in the weak efficient capital market, conventional value relevance model is biased due to the omitted - correlated - variables.

Secondly, this dissertation offers an econometric solution to simultaneously correct the bias in conventional value relevance studies and adjusts for mispricing. I expand the logic of value relevance studies from "stock price→accounting information" to "stock price→intrinsic value→accounting information" and advance the adjusted valuation model (adj. M). The empirical study prove the improve of the adj. M in both R^2 and the regression coefficient.

Thirdly, based on the measurement of trade - manipulationars' transaction, this dissertation analyzes the characteristics of trade - manipulationars trading and its influence on the value relevance studies. The empirical study shows that: Although the trade - manipulationars have certain information superiority, they did not show significant rational behavior characteristics, their trading have not adjusted the stock mispricing. This paradox was due to the noise trading risk in capital market.

第1章 绪 论

首先基于资本市场弱式有效的现实背景，分析现行会计信息价值相关性研究的不足，随后提出本书要研究的问题，指出本书研究意义，最后给出本书的研究思路和结构安排。

1.1 选题背景

1. 准确评估会计信息价值相关性是资本市场会计研究的基础

会计信息价值相关性（Value Relevance），是指会计信息与公司价值及其表征变量之间的相关度，是衡量会计信息是否有用的重要依据。由于会计信息是公司经营状况、财务状况、盈利能力、成长能力、风险水平等关键信息的载体，是投资者了解公司财务状况、预测公司价值并进行投资决策的重要依据，所以，价值相关性是会计信息的基本属性。它不仅决定了会计信息的披露方式，也决定着会计确认和计量的基本原则，是决定会计生存和发展的关键性问题。因此，价值相关性研究一直是资本市场会计研究的理论基础和重要内容之一。价值相关性研究的重要意义主要表现在：

（1）价值相关性研究为检验资本市场效率提供实证证据。由于证券价格决定了财富和资源在社会经济体之间的分配关系，所以资本市场是否能正确地进行证券定价，一直是理论界和实务界共同关心的问题，而这一问题也是判别资本市场是否有效的关键所在。由于会计信息是决定证券价值的重要因素，所以资本市场效率研究经常转化为资本市场对会计信息反应的研究，研究者通过检验股票价格与会计信息的相关性是否符合理论水平，可以验证资本市场是否有效以及在何种形式上有效。

（2）价值相关性研究有助于评估会计准则实施的经济后果。会计准则是会计确认、记录、计量和报告的规范和依据，不同的会计准则会产生不同的计量结果，该计量结果决定着资源的分配效率。显然，能产生最具价值相关性计量结果的会计准则是最优准则。因此，通过比较多个会计准则所产生会计信息的价值相关性，有助于评估会计准则的效果并影响会计准则的制定。

（3）价值相关性研究有助于修正会计信息披露。披露有用的会计信息是降低和消除公司与外部关系人之间信息不对称的重要途径。所谓有用的会计信息，即价值相关性较高的会计信息。因此，对会计信息的价值相关性进行评估有助于甄别不同会计变量在传递信息方面的优劣，促进财务人员编制更有用的财务报告。

（4）价值相关性研究有助于创建股票价值评估模型。在一个有效资本市场中，股票价值应该等于未来预期现金流的现值之和，而公司当前的财务报告是预测未来现金流的重要信息源，因此，各种会计信息在预测未来现金流方面的方式和所起的作用，决定了股票估值模型的形式。为了提高估值模型的准确度，精确地预测公司价值，必须选择价值相关度较高的会计变量构建估值模型。

2. 已有价值相关性研究尚未充分证明会计信息的重要作用，导致资本市场对会计信息的忽视和质疑

价值相关性研究是以信息观为基础的。在信息观下，投资者对证券进行定价的依据是该证券未来可支付股利的能力，而会计信息的作用在于提供关于这种能力的信息，改变投资者对于这种能力的认识并改变证券价格。因此，会计数据所提供的信息越多、改变投资者认知的能力越强，会计信息就越有用。会计信息价值相关性经历了多年的发展，形成了相对完整的研究框架和研究体系，会计学界也一直以其研究结论为依据证明会计信息在资本市场中的作用。然而，令人尴尬的是，价值相关性研究结果的水平一直远远低于其理论水平。例如：盈余反应系数的实证结果通常在1—3之间［Kormedi 和 Lipe（1987）[1]、Easton 和 Zmijewski（1989）[2]］。而在理论上，假设年度会计盈余时间序列服从随机游走特征，当折现率 r 为10%时，盈余反应系数应该等于11（1+1/r）。以会计信息为自变量对股票价格或股票收益实施线性回归时，回归方程的判定系数 R^2 也一直处于较低的水平、并不非常显著而且存在下降的趋势。如 Lev（1989）[3] 指出，会计盈余对横截面股票收益的判定系数仅为5%—10%。这些研究结论显然与会计信息在资本市场中无可替代的信息传递功能和地位不相符，导致投资者对会计信息进而对现行的会计确认、计量、记录和报告程序产生忽略和质疑，资本市场中价值投资的理念被摒弃，技术分析大行其道，市场的资源配置和引导功能失去

了赖以发挥作用的土壤，危害了资本市场的健康发展。因此，资本市场是否需要会计信息、需要何种会计信息等基本问题得不到令人信服的答案，这也制约了会计学科的发展。

会计学界对此进行了反思，提出了系列竞争性假说来解释价值相关性过低的原因，包括对价值相关性研究基本假设、研究方法的讨论。从研究方法上，提出了修正或修正方案，比如：延长回归窗口、将滞后期信息纳入回归方程以修正市场反应滞后对研究结论的影响；或考虑会计确认谨慎性原则、将无形资产、公允价值等辅助信息纳入回归方程。然而，从本质上讲，这些修正方法仅仅是对有效市场假说的修补，并未对其进行实质性的修正，结果虽然在一定程度上提高了回归方程的统计参数，但仍处于较低的水平。因此，修正当前价值相关性研究关于资本市场“半强式有效”的理论基础，修正基于“股票价格等于内涵价值”这一命题而确立的研究方法，建立以“弱式有效资本市场”甚至“无效资本市场”为假设前提的价值相关性研究框架，对于科学准确地评价会计变量在市场定价中的角色，具有重要的理论和现实意义。

3. 现行价值相关性研究范式建立在有效市场假说理论基础上，没有考虑资本市场效率对研究结论的影响，而中国资本市场尚未达到有效状态

根据价值相关性的定义，价值相关性是指会计信息与股票内涵价值之间的相关度。然而，由于内涵价值（Intrinsic Value）是无法观察、难以准确计量的，因此在价值相关性研究中，研究者不可回避的首要问题是：采用何种表征变量可以最佳地代表股票内涵价值？根据经济学的一般原理，在一个完全竞争的经济体中，资产的交易价格是该资产价值的最优体现，在会计学领域，该价格被称为“公允价值”。根据这一原理，Fama（1965）提出

了有效资本市场假说，指出有效资本市场“是有价值的信息能够迅速地、无偏地在证券价格中得以反映的证券市场”[Fama (1970)[4]]。Fama将有效资本市场分为三类：弱式有效（Weak Form Efficiency）、半强式有效（Semi - strong Form Efficiency）和强式有效（Strong Form Efficiency）。其中，半强式有效是指资本市场对所有公开信息能够做出及时、充分和准确的反映，一旦新信息出现，价格将根据新信息做出迅速反应；单个投资者无法利用任何先进分析工具来剖析这些公开信息获得超额投资回报。在这样的市场中，股票价格充分地、公允地反映了所有与公司价值有关的信息（包括会计信息），综合地体现了资本市场所有理性投资者对于股票价值的预期，所以股票价格是公司内涵价值的最优估计和无偏代理。基于半强式有效市场假说，价值相关性研究将股票价格（Price）视为内涵价值的最优表征变量并以股票收益（Return）表征内涵价值的变动。会计信息与内涵价值的关系被有效市场假说转化为会计信息与股票价格的关系；而会计变量与股票价格或股票收益的相关度则用以衡量会计信息价值相关性的大小；会计信息价值相关性的定义由“内涵价值与会计信息的相关度”转换为“股票价格或价格变动与会计信息的相关度”（Francis和Schipper，1999；Chang，1999；Core Guay和Buskirk，2003；Korthari和Shanken，2003）[5-8]。这就完成了价值相关性研究理论框架和方法论基础的构建。实证研究方面，以股票价格（或股票收益）对会计变量进行线性回归，以回归方程系数和模型的判定系数 R^2 来衡量会计变量价值相关性的大小。这也形成了会计信息价值相关性的研究范式。

然而，即便是对成熟资本市场的实证研究也表明，资本市场尚未完全达到半强式有效状态，市场对公开的会计信息存在诸如反应不足、反应过度和功能锁定等非有效的反应，股票价格不仅反映了内涵价值，也反映了市场噪音（Noise）。由于市场非理性因素的存在，股票价格并未充分地反映会计变量所包含的定价信息，股票价格也不能公允、无偏地表征内涵价值，那么价值相关性研究的基础假设就存在一定的偏差。

在科学研究中，某个论点必须同时满足假设成立和逻辑正确这两个基本特征并得到逻辑和实证两方面的支持，必须言之成理，必须符合人们对世界的观察（艾尔·巴比，2004）[9]。然而，现行的价值相关性研究所赖以成立的基本假设尚未成立，导致人们对其研究成果的怀疑。Bernard（1995）[10]认为，价值相关性研究范式从一开始就没有考虑市场有效性问题，“从源头上扼杀研究者可以发现市场尚未发现的某些信息的可能性”（“Preclude from outset the possibility that researchers could ever discover something that was not already known by the market”）。Kothari（2001）[11]也认为“无效的资本市场（Inefficient Capital Market）”是导致会计信息价值相关性理论水平与实证结果存在较大差距的原因之一。对此，Kothari（2001）[11]的解释是：若市场未能正确领会当前会计信息在修正未来预期方面的作用，那么会计信息带来的价格变动就会很小，这直接影响会计信息与股票价格的回归结果，导致会计信息价值相关性较低。传统金融理论指导下的价值相关性研究存在着明显不足，主要体现在与市场有效性的关系上，在真实的市场条件下研究价值相关性问题，绝不可以忽视投资者行为因素的影响。

可见，现行的价值相关性研究范式武断地假设资本市场已经达到半强式有效市场状态，投资者能够完全地、无偏地理解会计信息的定价含义，股票价格可以及时地反映会计数据所包含的所有信息，这种假设与资本市场现实不相吻合。研究假设的偏误，从源头上破坏了价值相关性研究的效率，导致现行“以股票价格表征内涵价值”的研究模式存在将“资本市场非有效”和“会计信息无价值”混为一谈的偏误。

中国资本市场作为一个新兴的资本市场，建立于社会主义市场经济转型期，一开始就承担了为脱困国企筹集资金的政治任务，具有先天不足的特点；在发展过程中更是受到流通股与非流通股长期并存、交易规则和监管规则不明朗等机制缺陷的困扰，同时市场长期处于浓厚的投机主义氛围中，其有效性受到了广泛的质疑。对中国资本市场有效性的实证研究就中国资本市场是否达到弱式有效市场方面虽然存在一定争议，但所有的研究均表明，我国的证券市场远未达到半强式有效市场状态。也就是说，股票价格未能及时、充分和准确地反映公开信息（包括会计信息）的定价含义，股票价格及价格变动没有准确刻画内涵价值及其变化，会计信息与股票价格（股票收益）的相关度无法准确地描述会计信息与内涵价值（价值变动）的相关度。无疑从根本上削弱了现行价值相关性研究范式以股票价格（股票收益）表征股票价值（价值变动）这一研究方法的有效性，存在遗漏关键变量的偏误（ommitted - variables bias），其研究结果必然因为混淆“资本市场非有效”和“会计信息无价值”而不准确。鉴于价值相关性研究在资本市场的重要意义和基础作用，这也进一步影响了准则制定、披露管理和价值评估等资本市场研究的有效性。因此，如何在市场非有效的框架内准确评估会计信息的价值相关性，是一个亟待解决的课题。

4. 交易操纵破坏市场定价机制，是影响中国资本市场效率的最主要因素之一

影响股票市场效率的因素很多，有体制机制方面的原因（如政策因素导致的有限套利）、有投资者行为方面的原因（如投资者个体非理性行为及市场非理性群体行为）等，但是对股

票市场定价机制产生影响最直接、最为广泛的因素无疑是股票交易操纵。所谓交易操纵，是指交易者为了获取不正当利益或转嫁风险，违反证券法规的规定，人为地利用其资金、信息或持股比例等优势或者滥用职权，影响证券市场正常价格，或者制造证券市场交易假象，诱导或使投资者在不了解事实真相的情况下作出错误投资决策的行为。自股票市场出现之日起，就伴随着各种类型、各种方式的交易操纵，即使在法律法规十分健全的发达资本市场，也存在着不容忽视的交易操纵行为。交易操纵的存在大大降低了股票市场的定价效率和市场有效性。

中国资本市场成立时间较短，虽经历了蓬勃发展，但市场机制尚不健全、各项监管尚不到位，客观上形成了有利于交易操纵的政策环境。同时，大量的散户投资者普遍持有投机心理，不注重对股票基本面进行价值分析，在交易中对庄家进行非理性的模仿（“羊群行为”），放大了操纵者对股票价格的影响，使股票价格对庄家的交易操纵行为十分敏感，交易操纵成功的概率很高。这又在主观上形成了有利于交易操纵的市场环境。因此，中国资本市场中的交易操纵者承担着较小的操纵风险而可能获得巨大的操纵收益，这导致庄家任意操纵股价的行为普遍存在。在庄家操纵和散户跟风的共同作用下，股票价格频繁地大幅涨跌。最为典型的例子就是：从2006年11月1日到2007年10月16日的牛市行情中，上证综指从1833.20点直线攀升，达到6124.04点的高峰，不到一年的时间内，涨幅达234%；随后中国股市迎来了一个长期的熊市，到2008年10月28日，上证综指跌至1664.93点，跌幅为73%。如图1-1所示。

显然，在宏观经济运行平稳、个股基本面变化较小的如此短期内，股票的内涵价值绝不会发生如此巨大变化，股票价格如此大幅度的波动显然与内涵价值无关，而是市场炒作和操纵的结

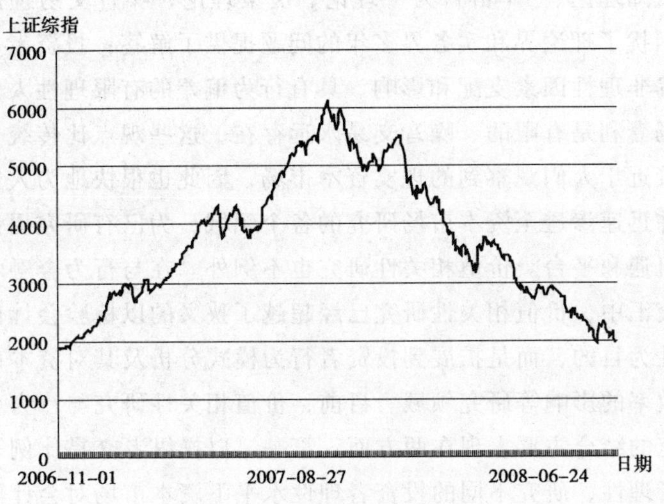

图 1-1 上证综指走势图

果。在这样的资本市场环境中，股票价格和股票收益不能表征内涵价值及其变化，也无法正确反映会计信息与内涵价值的关系。对于中国资本市场效率的实证研究也表明，中国股市中机构“坐庄”操纵股票行为是导致股价异常波动的主要原因，交易操纵是破坏市场定价效率的重要因素之一［吴敬琏（2001）[12]、戴园晨（2001）[13]］。因此，在中国资本市场中讨论会计信息价值相关性问题，必须考虑资本市场弱式有效甚至无效对研究结论的影响。

5. 价值相关性研究与行为金融学相结合，开创了资本市场会计研究的新领域

行为金融学的兴起和发展，为金融研究提供了全新的视角和方法，使传统金融学的理论框架和严格假设再次受到严峻的冲击。投资者是全知全能的理性经济人吗？资本市场是无摩擦无交易成本的市场吗？资本市场套利是完全且有效的吗？行为金融学

的认知理论、“羊群行为”理论、决策理论、噪音交易理论为这些困扰了理论界和实务界多年的问题提供了解答：投资者是受情感等非理性因素支配和影响、具有行为偏差的有限理性人、资本市场套利是有限的、噪音交易永远存在，这些观点比传统金融学更接近于人们观察到的现实资本市场，因此也很快地为人们所接受并迅速渗透至资本市场研究的各个领域，为已有研究提供了新的机遇和平台。价值相关性研究也不例外。在与行为金融学的融合交汇中，价值相关性研究已经超越了狭义的以检验会计信息有用性为目的，而是扩展到投资者行为模式分析及其对资本市场定价效率的影响等研究领域。目前，价值相关性研究与行为金融学研究的结合主要表现在两方面：第一，以操纵者交易比例表征投资者理性，研究不同的投资者理性水平下资本市场对会计信息的反应是否存在差异。如 Walther（1997）[14]、Balsam 等（2002）[15]、Collions（2003）[16]等。第二，通过考察基于会计信息的投资组合的市场表现，来推测投资者的决策过程和决策心理。可见，价值相关性研究成果越来越多地被应用于分析投资者（尤其是交易操纵者）行为对市场定价效率的影响这一新兴领域。这种发展和延伸为会计信息价值相关性这一经典研究提供了更为广阔的平台和发展空间。

作为最具影响力的市场参与者，交易操纵者拥有强大的资金实力，其投资行为对资本市场的信息理解能力和定价效率有着不可忽视的影响。近年来，中国股市进入了大力发展交易操纵者时期，交易操纵者的绝对数量和相对数量迅速增加。证券监管层也多次表示，增加交易操纵者能改变投资者结构失衡的现状，有利于稳定股票市场，促进股市理性发展。然而，增加交易操纵者能必然带来股市理性吗？交易操纵者有助于稳定股票市场吗？准确回答这些问题对制定相关政策、加强交易操纵者监管、提高市场效率具有重要意义。本书认为，若交易操纵者能够发挥其在信息获取、处理和运用等方面的优势、增强市场理性，那么也必然能提高股票价格对会计信息的反应度，并必然提高会计信息价值相关性水平。该命题的逆否命题是：若操纵者交易未能提升个股会计信息价值相关性水平，则交易操纵者未能发挥其增强市场理性、提升市场效率的作用。由此可见，从会计信息价值相关性的视角可以直接地从效果层面揭示交易操纵者的市场作用。

1.2 问题的提出

从信息观的角度，信息的意义在于传达关于公司未来可支付股利的信号，该信号有助于投资者修正其对股票价值的评估并进行投资决策。信息的来源渠道是多样的，会计信息仅为其中的一种，因此，会计信息能否在众多竞争性信息中提供增量信号，是评价该会计信息是否有用并进而决定会计生存和发展的重要标准。这就是会计信息价值相关性研究之所以成为资本市场会计研究的基础和最重要组成部分的原因。价值相关性研究虽然经历了蓬勃发展，但也面临着诸多困难和挑战。人们对于“有效资本市场”的质疑动摇着价值相关性研究的根基，而行为金融学的兴起，则为笔者重新思考这一问题提供了理论基础和现实背景。本书试图以行为金融学相关理论为基础，探讨弱式有效资本市场中会计信息的价值相关性。为此，需要研究以下几方面问题：

第一，如果资本市场不是信息有效的，那么现行价值相关性研究是否存在不足？

现行价值相关性研究假设“资本市场是半强式有效的”，证券价格完全地、无偏地而且及时地反映所有公开的信息（包括会计信息)。然而,现实的资本市场并未达到所假设的半强式有效状态,市场对信息反应不足、反应过度或反应滞后,造成了信息不经济的现象,导致证券价格偏离了投资者基于公开信息所预测的内涵价值。在这样的情况下,现行价值相关性研究的基本假设——"证券价格等于内涵价值"是值得商榷的。根据艾尔·巴比[9]的论述,"科学研究的论点必须同时满足假设成立和逻辑正确这两个基本特征并得到逻辑和实证两方面的支持",当某类研究的基本假设存在瑕疵时,研究结论的准确性受到损害。可见,当资本市场并未达到信息有效时,当前价值相关性研究范式可能在研究方法上存在偏误。

中国资本市场显然尚未达到信息有效状态,证券市场价格受到多种市场非理性因素的影响,表现出明显的"资本市场非有效"特征。因此,当前的研究结论混淆了"资本市场非有效"和"会计信息无价值"这两个不同的概念。

所谓"资本市场非有效",指资本市场不能识别会计数据所传递的关于未来可分配股利的有用信息,证券价格并未无偏地反映其内涵价值。所谓"会计信息无价值"是指会计数据没有信息含量,会计信息未传递与公司内涵价值有关的有用信号,投资者不能据以修正其预期并进行投资决策。从表象上来看,"资本市场非有效"和"会计信息无价值"这两种情形都会导致会计信息与市场价格没有相关度或相关度较小,这两种效应相互叠加,忽视或否认其中之一都会导致笔者错误地评估另一种效应。现行价值相关性研究忽视了"资本市场非有效"效应,存在遗漏关键变量的偏误,不利于资本市场准确评判会计信息的定价含义。

第二,选取何种视角修正"资本市场非有效"对价值相关性研究的影响?

资本市场效率的核心是资源配置效率，资源配置效率的核心是价格机制，即价格是否能准确形成以引导资源配置。影响资本市场效率的因素很多，包括市场体制、交易机制等制度缺陷、市场参与者非理性等行为偏差、信息不对称以及投资者心理预期差异造成的市场噪音等。这些因素归根结底都通过影响投资者的交易行为、导致投资者行为偏差而影响股票价格。所谓投资者行为偏差，是指投资者决策过程并未基于理性预期且遵循最优决策模型，导致其决策结果产生对理性预期的系统性偏离，投资者存在行为偏差是资本市场噪音交易的前提和基础。在信息不对称状态下，噪音交易者在短期内引导着证券价格，套利者受到损失，其结果是噪音交易者不仅没有在短期内迅速因财富缩水而离开市场，而是创造了自己的生存空间并长期存在于证券市场造成市场非理性。另外，噪音交易者的大量存在形成“示范效应”，吸引更多的投资者成为噪音交易者，投资者因此忽视对与内涵价值有关信息的获取和关注，投资决策完全受到过往证券价格走势的引导。噪音交易者对价值分析的背离以及对技术分析的关注，为部分投资者对证券价格进行操纵和控制并据以获利提供了有利条件，这就形成了股票操纵。股票操纵的方式多样，大致分为三类：基于行为的操纵、基于信息的操纵和基于交易的操纵［Allen和Gale（1992）[17]］。基于行为的操纵是指操纵者通过自身行为改变资产价值进而改变相应证券价格的操纵方式；基于信息的操纵是指操纵者通过激发、传播错误或虚假的消息来误导投资者，进而影响股价的操纵行为；基于交易的操纵是指操纵者通过买卖交易激发错误的市场预期改变股价，最终操纵股价的行为。基于行为和基于信息的操纵成本较高、操纵风险较大、周期较长，不便于使用。而基于交易的操纵具有形式多样、操作隐蔽的特点，所以一直广泛存在于各个证券市场，对证券价格的影响最普遍、最直接、最广泛，是我国资本市场中最受关注同时也是对资本市场效率影响最大的因素。

因此，本书从对股票价格影响最直接、最普遍的交易操纵视角，重新审视会计信息与股票价格和股票收益的关系。

第三，既然资本市场非有效引起了现行价值相关性研究的偏误，那么，如何修正修正这种偏误？

第四，运用本书提出的修正研究方法是否比现行方法更准确地评估会计信息的价值相关性？采用何种指标可以验证这种修正？

本书运用修正的价值相关性研究模型，评估了我国资本市场中会计信息的价值相关性并将其与现行研究结果进行比较。为了评判修正模型的效力，笔者采用有两方面标准：其一，回归方程的判定系数（$adjR^2$）；其二，回归方程系数拟合值。回归方程的判定系数是衡量自变量对因变量判定系数的重要指标，回归方程越能描述因变量的变化，判定系数越高。从统计意义而言，判定系数较高的回归方程是较优的方程，因此，本书采用的评判标准之一就是回归方程判定系数的大小；在回归系数方面，情况却比较复杂，由于目前仍没有一套完整的理论来证明回归系数的理想值，所以缺乏评价和比较回归系数的标准。为此，本书分别采用现行模型和修正模型，将股票价格（P）对股票内涵价值（V）实施一元线性回归，比较两个方程的回归系数。由于股票价格（P）与股票内涵价值（V）理论上存在着完全相等的关系，所以该回归方程系数拟合理论值为1，这为评判现行模型与修正模型的优劣提供了理论依据，即：系数拟合值最接近于1的方程为最优方程。

第五，采用修正方法评估会计信息价值相关性的意义何在？

采用修正方法评估会计信息价值相关性至少具有两方面意义：首先，基于会计研究视角，准确评估会计信息价值相关性在信息披露、准则制定、价值评估等方面具有重要意义；其次，基于交易操纵的经济后果进行会计信息价值相关性研究，可以直观地从效果层面揭示投资者行为对资本市场效率的影响。由于交易操纵的实施者大部分是交易操纵者，所以从交易操纵视角探讨弱式有效资本市场的价值相关性问题，实际上也从另一个侧面讨论了操纵者交易对资本市场的影响，中国资本市场中操纵者交易有何特点？交易操纵者是否发挥了其发现价值、提升资本市场有效性的作用？准确回答这类问题将为交易操纵者监管提供理论依据和政策建议。

1.3 研究内容及结构安排

1.3.1 研究内容及概念界定

本书针对上述五个问题，进行系统的理论和实证分析。首先，通过对行为金融学关于投资者有限理性、行为偏差及资本市场噪音交易、股价操纵等理论的融合，指出现行会计信息价值相关性研究关于资本市场半强式有效的假设脱离了资本市场实际；在此基础上，提出将会计信息价值相关性的研究逻辑由“股票价格→会计变量”延伸为“股票价格⟶股票价值⟶会计变量”的观点并推导出修正的研究方法；最后，运用深圳证券交易所上市公司数据进行了实证研究，得出本书研究结论。

本书研究的主要内容如下：

第一，基于噪音交易理论和DSSW模型关于“交易操纵导致票价格偏离内涵价值”的研究结论，指出现行价值相关性以半强式有效资本市场为前提假设，而该假设并不符合资本市场的实际，这种研究假设的瑕疵损害了研究结论的准确性，导致现行研究混淆了"资本市场非有效"与"会计信息无价值"。然后，运用数学推导分析交易操纵对现行价值相关性研究模型的影响，论证现行价值相关性研究模型在模型判定系数和回归系数拟合值方面均存在低估的误差。最后，以我国资本市场数据对理论推导结论进行实证检验。手工收集证监会处罚公告将被证监会查处的交易操纵案例公司组成"被操纵公司"样本，将与"被操纵公司"行业相同且流通股规模相近的上市公司组成"未被操纵公司"样本，运用现行价值相关性研究模型分别对两个样本进行会计信息的价值相关性回归，比较两个样本回归模型系数拟合值与判定系数，证明理论推导结果。

第二，构建修正的价值相关性研究模型并进行实证运用。修正的价值相关性研究模型基于拓展的研究逻辑和"价值相关性是内涵价值与会计变量的关系"这一概念，将股票价格还原为理性股价，以理性股价表征内涵价值进行回归分析。修正的研究模型将现实资本市场股票价格转换为虚拟有效市场中的理性股价，以该理性股价取代股票价格来表征内涵价值，弥补了现行价值相关性研究模型的不足。运用我国资本市场数据对修正模型在评价会计信息价值相关方面的优势进行实证验证。将该模型对会计信息进行价值相关性分析，比较现行模型和该修正模型在回归系数拟合值和方程的判定系数上的差异，验证修正的价值相关性研究模型在评估会计信息价值相关性方面的优势。在此基础上，以修正的价值相关性研究模型对我国资本市场中会计盈余及其构成、现金流量及应计利润、剩余收益及账面净资产、内涵价值等四类会计信息的价值相关性进行分析。

第三，运用修正的价值相关性模型，从交易操纵者获取信息的优势、理解信息的能力以及运用信息的方式三方面揭示我国资本市场中交易操纵者的行为特点。首先，从操纵者交易量与会计盈余公告前后10个交易日的市场反应、操纵者交易量对会计盈余价值相关性的影响两方面分析操纵者是否具备先于市场其他投资者获取私人信息的能力。然后，从操纵者交易量与可持续会计盈余（PE）和暂时性盈余（TE）、经营现金流（CFO）和应计利润（ACC）的关系分析操纵者是否具备理解会计信息的能力，考察操纵者是否存在功能锁定现象。最后，从操纵者交易与套利交易的关系分析操纵者利用会计信息的方式。考察操纵者交易是否具备"买入被低估股票抛售被高估股票"的套利交易特征。

本书有关概念界定如下：

第一，会计信息价值相关性（the Value Relevance of Accounting Information）

FASB在《财务会计概念框架第1号》[18]中对会计信息的价值相关性定义为："会计信息应有助于信息使用者对过去、现在和未来事件的结果做出评价或预测，抑或有助于证实、修正投资者之前期望，从而做出相应决策"。国际会计准则对会计信息的价值相关性定义为："当会计信息能够帮助使用者评价过去、现在和未来事项或确认、更正他们过去的评价并影响到使用者的经济决策时，该信息就具有相关性"。本书采用的定义为：会计信息价值相关性是指会计信息概括地反映或传达与股票内涵价值相关的信息集的能力，这种能力的衡量方式是会计信息与公司价值及其表征变量之间的相关度，在有效市场假设理论框架内，价值相关性演变为会计信息与股票价格之间的相关度。

第二，交易操纵（Manipulation Based on Transaction）

交易操纵这一概念是由Allen和Gale（1992）[17]提出的。他们将股价操纵分成了三种类型：基于行为的操纵、基于信息的操纵、基于交易的操纵。基于交易的操纵是指操纵者通过买卖交易激发错误的市场预期影响证券市场，最终达到操纵股价的目的。

对于交易操纵，《中华人民共和国证券法》第三章第四节第七十七条[19]明确规定：禁止任何人以下列手段操纵证券市场：

（1）单独或者通过合谋，集中资金优势、持股优势或者利用信息优势联合或者连续买卖，操纵证券交易价格或者证券交易量。

（2）与他人串通，以事先约定的时间、价格和方式相互进行证券交易，影响证券交易价格或者证券交易量。

（3）在自己实际控制的账户之间进行证券交易，影响证券交易价格或者证券交易量。

（4）以其他手段操纵证券市场。

基于上述定义，本书将交易操纵定义为：交易者为了获取不正当利益或转嫁风险，违反证券法规的规定，人为地利用其资金、信息或持股比例等优势或者滥用职权，影响证券市场正常价格，或者制造证券市场交易假象，诱导或使投资者在不了解事实真相的情况下作出错误投资决策的行为。

第三，理性股价（Rational Price）

理性股价是在有效资本市场假说框架下，模拟有效资本市场环境，基于资本资产定价模型和股票内涵价值理论，同时考虑市场系统风险变动所虚拟的股票价格。界定理性股价的目的在于定义并量化基于交易操纵的股票定价偏差水平值，因此理性股价是包含了除交易操纵外其他所有市场因素的价格。本书采用两步骤计算理性股价：首先，根据剩余收益估值模型（Residual Income Model）计算股票的内涵价值（Value）；然后利用资本资产定价模型（CAPM）将内涵价值转换为考虑了市场风险和公司特有风险（β）的理性股价。

1.3.2 结构安排

本书共分为6章，具体安排如下：

第1章 绪论。首先在资本市场弱式有效的现实背景下，提出从交易操纵视角研究价值相关性的必要性并提出要研究的科学问题；然后界定相关概念，明确本书的研究目标及意义、描述论文的研究内容、研究思路及方法。

第2章 文献综述。主要包括对国内外相关研究的梳理及述评，介绍了国内外会计信息价值相关性研究、交易操纵及其影响的研究，最后指出了会计信息价值相关性研究尚需进一步深入的几个方面和将行为金融学研究成果纳入会计信息相关性研究的切入点，对本研究进行定位。

第3章 交易操纵对价值相关性影响分析。从理论推导和实证检验两方面进行分析。理论推导方面：介绍 DSSW 模型关于“交易操纵导致股票定价偏差”的研究结论，然后运用数学推导分析交易操纵对现行价值相关性研究模型的影响，指出现行价值相关性研究模型在模型判定系数和回归系数拟合值方面均存在低估的误差。实证检验方面，通过整理证监会处罚公告，手工收集2000—2009 年深市、沪市所有被查处的交易操纵案例公司组成“被操纵公司”样本，而与“被操纵公司”行业相同且流通股规模相近的上市公司组成“未被操纵公司”样本，分别对两个样本进行会计信息的价值相关性回归，比较两个样本回归模型系数拟合值与判定系数，发现“未被操纵公司”回归模型系数拟合值与判定系数均显著高于“被操纵公司”，证明了理论推导结论。

第4章 修正的价值相关性模型构建及实证运用。首先，基于“价值相关性是内涵价值与会计信息之关系”的概念，提出了拓展的价值相关性研究逻辑并构建修正的价值相关性模型。修正的研究模型将现实资本市场股票价格转换为虚拟有效市场中的理性股价，以该理性股价取代股票价格来表征内涵价值，弥补了现行价值相关性研究模型的不足。然后，运用该修正模型对我国资本市场中会计信息的价值相关性进行实证分析。通过比较现行模型和该修正模型在回归系数拟合值和方程的判定系数上的差异，验证修正的价值相关性研究模型在评估会计信息价值相关性方面的优势并基于修正模型评价我国资本市场中会计信息的价值相关性。

第5章　基于会计信息价值相关性揭示交易操纵者行为特征。从交易操纵者获取信息的优势、理解信息的能力以及运用信息的方式三方面展开分析，提出三个研究问题：交易操纵者是否具备早于资本市场其他投资者获取会计信息的优势？交易操纵者能否区别不同会计信息的差异？操纵者如何利用会计信息进行交易？对上述三个问题分别提出假设并进行检验，对研究结果进行理论分析，为资本市场监管和健康发展提供理论依据。

第6章　结论与政策建议：总结全书，根据书中结论提出政策建议；指出存在的不足及未来研究方向。

1.4 研究意义

本书以中国资本市场数据为样本，将会计学领域中的会计信息价值相关性研究和行为金融学领域中的交易操纵研究结合起来，以交易操纵导致股票定价偏差为切入点，研究弱式有效资本市场中的会计信息价值相关性问题。从理论和实证两方面分析了资本市场效率对会计信息价值相关性研究的影响，提出了修正模型并比较了该模型与现行模型的回归结果，指出修正的模型更有利于揭示和理解弱式有效资本市场中会计信息的价值相关性。在理论和实际运用方面具有以下几方面意义：

第一，本书明确论述了资本市场效率对会计信息价值相关性研究的影响，指出资本市场非有效掩盖了会计信息与股票内涵价值之间的真实相关性，导致现行研究将“资本市场非有效”与“会计信息无价值”相混淆，低估了会计信息的价值性关性并可能导致以会计信息价值相关性为基础的资本市场会计研究存在偏误。在此基础上，以对资本市场影响最广泛的交易操纵为切入点，运用数理统计学理论证明了定价偏差对现行价值相关性研究在回归方程判定系数（$adjR^2$）以及回归方程系数拟合值两方面的影响。其意义表现在：从现行价值相关性研究的基本假设出发，讨论资本市场效率对研究结论的影响，既从源头上解释了当前研究普遍存在的“价值相关性研究结果大大低于理论水平”这一现象，也为后续的价值相关性研究奠定了一定的理论基础。

第二，本书将行为金融学的理论成果纳入现行价值相关性研究框架，以交易操纵导致股价偏离内涵价值为切入点，提出了修正的价值相关性研究模型并运用该修正模型重新审视弱式有效资本市场的会计信息价值相关性问题，克服了以往研究不足，相对准确地评估了我国资本市场中会计信息的作用，为以会计信息价值相关性为基础的信息披露、准则制订及价值评估等资本市场会计研究提供了更准确的理论依据。

第三，基于“大笔交易”数据，定义了操纵者交易变量，实时分析操纵者交易对股票价格和股票收益的影响，并从会计信息价值相关性研究视角讨论了交易操纵者的交易特征及其市场作用。发现：虽然交易操纵者能够早于资本市场获取私人信息，而且能够识别不同会计信息的差异，在会计信息获取和信息理解方面具有理性投资者特征，但其交易不是以理性套利为目的。本书基于噪音交易理论对此现象进行了解释：由于市场噪音交易引发巨大的套利风险，且市场中具有强烈的跟风交易氛围，而交易操纵者又具有资金优势，所以其理性地选择交易操纵而非套利行为。这一研究结论为市场监管提供了理论依据。

1.5 研究思路及框架

本书的研究框架如图 1－2 所示：

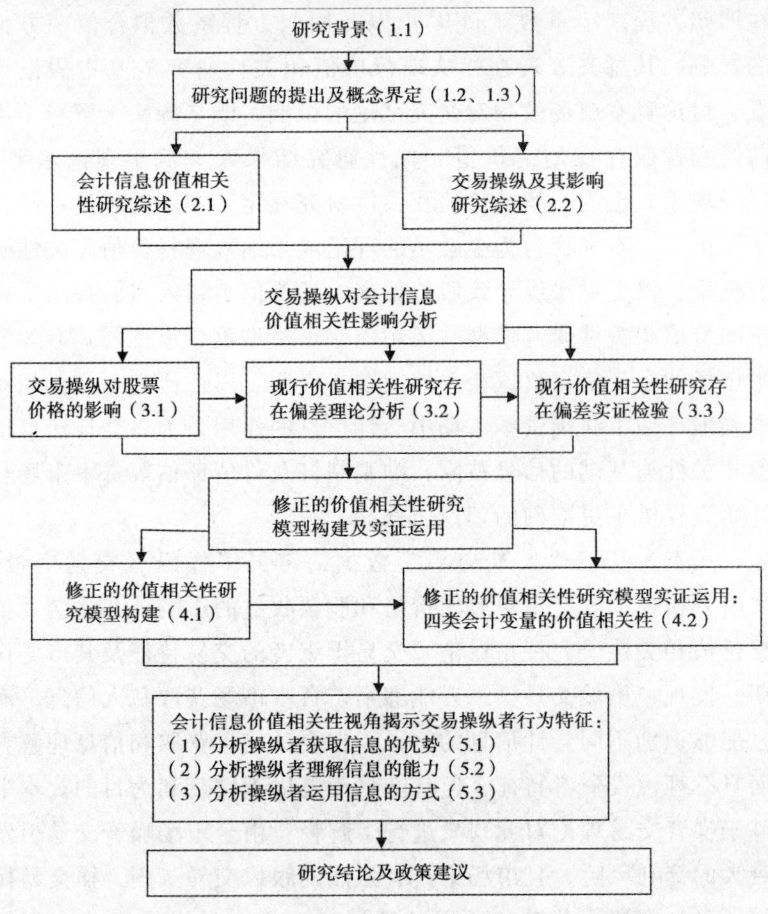

图 1－2　本书研究框架

文献综述

本章为文献综述和评价部分，分别介绍会计信息价值相关性及交易操纵及其市场影响两方面的国内外研究成果，对已有研究进行综述和总结，指出现有研究的不足及本书研究视角。

2.1 会计信息价值相关性研究综述

2.1.1 价值相关性研究范式及分类

会计信息价值相关性研究是资本市场会计研究的基础，在检验资本市场效率、评价会计准则实施效果、创建价值评估理论以及分析师行为模式等方面具有重要意义，因此，它一直是资本市场会计研究最重要的领域之一，相关的研究文献和研究成果也十分丰富。

1. 价值相关性研究范式

会计信息价值相关性是指会计信息对股票内涵价值的解释及反映能力。由于内涵价值是无法观察、难以准确计量的，因此在价值相关性研究中，研究者不可回避的首要问题是：采用何种表征变量可以最佳地代表股票内涵价值？在有效资本市场假设框架内，会计信息价值相关性就由“会计信息与内涵价值的相关性”转化为“会计信息与股票价格的相关性”。Beaver（1968）[20]提出的Three Links理论提供了会计信息与股票价格之间关系的理论基础：第一，股价等于未来可分配股利的贴现值，股价反映了投资者对股票未来现金流的预期值；第二，未来可分配股利取决于公司未来会计盈余；第三，股票当前会计变量为投资者提供预测未来盈余的有效信息。通过这层层递进的三层联系，Beaver巧妙地建立了当前会计信息（current accounting information）与当前股票价格（current stock price）之间的关系，也将“内涵价值与会计变量的关系”演变为“股票价格与会计变量的关系”，回避了内涵价值无法观察、难以准确计量这一难题，为价值相关性实证研究提供了可能。

会计信息价值相关性研究的通行方法是将股票价格或股票收益对会计变量进行线性回归，以回归方程的判定系数（R^2）和自变量的回归系数（β）来衡量会计数据价值相关性的大小。回归方程包括价格模型（Price Model）和报酬模型（Return Model）。

价格模型是以股票价格为因变量的回归模型，即：

$$P_t = \alpha + \beta X_t + \varepsilon \qquad (2-1)$$

式中：

P_t——t期股票价格；

X_t——t 期会计变量。

对应于不同的估值理论，价格模型的自变量不同，主要有两类，一类是会计盈余（E）及其构成；一类是账面净资产（BV）及剩余收益。前者对应股利折现模型，该模型假设，在预期的一定市盈率水平下，公司盈利越高，股票价格越高；后者对应剩余收益模型，该模型将股票价格表示为权益账面价值与会计盈余的线性函数。价格模型直接来源于价值评估理论，具有直观和逻辑清晰的特点，是衡量会计信息价值相关性的重要范式之一。

由于投资者交易行为直接导致股价波动，而价格波动的实质是投资者获取股票报酬，因此，许多研究者认为研究股票报酬（Return）与会计变量的关系，可能更有利于揭示会计变量的作用，这样就出现了报酬模型。报酬模型包括两种形式——超额报酬（Abnormal Return）模型及股票报酬模型（Return）。前者对应的自变量为未预期会计变量（Unexpected Accounting Information），后者为会计变量。

超额报酬模型认为，按照有效市场假设，证券价格已经反映了所有公开信息的定价含量，所以可预测信息不会对股票价格产生影响，投资者往往根据上市公司信息的变动来决定买、卖或继续持有股票。因此，只有市场未预期信息才会引起股价的波动，股票报酬仅与未预期信息相关。未预期信息与超出市场平均水平的股价波动之间的关系可以衡量该会计信息价值相关性，超额报酬模型表达式如下：

$$AR_t = \alpha + \beta \times UX_t + \varepsilon \qquad (2-2)$$

式中：

AR_t——t 期股票超额收益；

UX_t——t 期未预期会计变量。

执行超额报酬模型的前提及关键之处在于预测未来会计信息，一般有三种方法：一是以分析师预测均值表示未来该会计变量预测值，二是采用该会计变量时间序列自回归模型拟合值，三是采用上年度该会计变量实际数表示预测值。超额报酬模型虽然符合有效市场假设下的股票价格理论，但预期未来会计信息的计量误差问题一直影响着该模型的效果。所以 Easton 和 Harries (1991)[21] 提出了以当期会计信息为自变量、以股票报酬（R）而不是超额收益率（AR）为因变量的股票报酬模型，这就是报酬模型的第二种主要形式：

$$R_t = \alpha + \beta X_t + \varepsilon \tag{2-3}$$

式中：

R_t——t 期股票收益；

X_t——t 期会计变量。

股票报酬模型逻辑明确、简单明了、易于运用，其后研究表明该模型在预测精度方面优于超额报酬模型。因此，股票报酬模型成为价值相关性研究的规范方法之一。

不论是价格模型还是报酬模型，自变量的选择皆因研究目的不同而变动。从已有研究来看，自变量几乎囊括了所有财务报告信息，但主要包括以下几类：①会计盈余及其构成，在所有会计信息中，会计盈余与未来股利的关系最直接最密切，因此以会计盈余为自变量，最能验证会计信息向资本市场传递了多少有价值的信息以及资本市场是否善于运用有价值的信息。由于会计盈余的不同构成项目与未来股利的关系不同，所以研究可持续盈余和暂时盈余在价值相关性方面的差异，有助于判断资本市场是否能够识别盈余构成项目在定价含义方面的差异、是否给予区别定价进而判别资本市场效率。②现金流量和应计利润，这是会计盈余构成项目价值相关性研究的延伸，但由于其在比较权责发生制与收付实现制的优劣、甄别会计计量的最优方法方面具有不可替代的重要作用，所以经常被视为独立于会计盈余价值相关性研究的新一类研究。③账面净资产及剩余收益，这类研究是资产负债表视角下价值相关性研究的代表，标志着会计计量及财务分析的重点由损益表向资产负债表的转移，推动了公允价值等会计准则的实施及其效果评估。

2. 会计信息价值相关性的测度——R^2

会计信息价值相关性的测度方式主要包括两种——回归方程判定系数 R^2 及回归系数 β。根据统计学对判定系数 R^2 的定义，R^2 为回归平方和与总平方和的比值，即因变量 y 的总残差中被自变量所解释说明的那部分的占比，判定系数 R^2 越大，表示回归方程与实际数据拟合得越好，因变量与自变量之间的线性关系越明显。具体到价值相关性研究中，若将股票价格对会计数字进行回归，经过估计得出的模型判定系数若接近于 1，那么就可以有充足的把握说明该会计数字与股票价格的相关性非常高。

然而，对于不同国家、不同行业、不同生命周期的回归证据表明，用来表征会计信息价值相关性的 R^2 一直处于较低的水平、并不非常显著而且存在下降的趋势，这导致人们对财务信息的有用性越来越怀疑。虽然 Collions 等（1997）[22]使用价格模型发现美国 1953—1993 年账面净资产（BV）和会计盈余（E）这两个会计变量的混合价值相关性在样本期间呈现轻微上升的趋势。但是 Brown、Lo 和 Lys（1999）[23]在题为“R^2 在会计研究中的运用：过去40 年价值相关性的变化”一文中，对 R^2 的变化进行了专题研究，他们也肯定了 R^2 下降的趋势，认为 Collions 等（1997）[22]关于 R^2 上升的结论是因为规模效应（Scale Effects），考虑到规模效应，价格水平回归中的 R^2 会存在向上的偏误。类似的研究还有如 Easton、Harries 和 Ohlson（1992）[24]、Lys、

Ramesh 和 Thiagarajan（1998）[25]等。

那么，究竟是什么原因导致 R^2 较低呢？目前，人们主要认为有以下几方面原因：

一是规模效应。所谓规模效应，主要产生于价格回归模型中，公司规模越大，权益账面价值就越大，会计盈余绝对值也越大，所以价格回归模型结果受样本中仅占很小比例的大规模公司的影响（Easton、Sommers）[26]。

二是会计计量噪音。所谓会计计量噪音，首先是指会计在确认经济事项时必须遵循客观性、可靠性和谨慎性等原则，因此会计数字在反映经济事项时存在一定的滞后性，因此也就与股票价格的运动不能保持协同和联动（Easton，2000）[27]；其次是指管理层基于私人利益的盈余管理行为导致会计信息本身质量过低（Lev，1989）[3]。比如管理层操纵债务重组、收购兼并等非经常性业务导致暂时性盈余大量存在、亏损企业有意进行大清洗导致一次性的巨额亏损、利用各类资产准备金建立利润“蓄水池”等盈余操纵行为，都将降低会计盈余与股票价格的相关度。邓传洲（2005）[28]研究了我国资本市场 B 股公司按国际会计准则第 39 号披露公允价值的股价反应，结果发现投资的公允价值调整没有显示出价值相关性，其原因在于公允价值存在计量误差，而投资者也看穿了这一计量误差。

三是低效率的公认会计准则（GAAP）。所谓低效率的公认会计准则，Server 和 Boisclair（1990）[29]认为，以历史成本为基础的会计计量方法没有充分考虑能代表未来经济利益的隐性资源，导致会计计量方法本身就存在缺陷。最典型的隐性资源就是无形资产。由于没有充分及时地确认无形资产，会计盈余不能完全反映公司获取经济利润的能力，因而与公司价值的相关度较低。Elliott 和 Jacobson（1991）[30]也认为，相对于公认会计准则产生初期，商业环境及商业风险的来源和表现形式均已发生了根本性的变化。Hayn（1995）[31]和 Basu（1997）[32]对此也有类似的论述。Kang 和 Zhao（2010）[33]直截了当地指出，公认会计准则关于账面净资产的披露方式一直都导致该指标被低估并影响了其价值相关性。

四是无知的投资者和无效的资本市场。投资者真的是全知全能的、完全理性的经济人吗？投资者真的具有获取、甄别及处理所有公开信息的知识吗？一方面，投资者面临着越来越多的信息，对会计信息的利用效率较低造成了信息的浪费；Rimerman（1990）[34]指出，当资本市场可供免费提供的非财务数据越来越多的时候，财务报告的重要性就降低了。Dimitrov 和 Jain（2007）[35]指出，会计盈余、现金流及应计利润等会计变量在计量公司经营业绩方面均存在一定的噪音，所以其他的会计信息（例如财务杠杆、总资产增加数等）也具有一定的价值相关性，但是由于资本市场的无知，导致市场未能对这些具有信息含量的会计信息进行及时反应，所以会计信息的价值相关性低于实际水平。另一方面，投资者对会计信息的误读和曲解也是造成会计信息价值相关性低于理论水平的原因。（Jenkins，1994；Brimble 和 Hodgson，2007；向海燕，王平心，2009）[36-38]。Brimble 和 Hodgson（2007）[37]利用 Aboody（2002）[39]在控制市场反应不足导致的股价无效因素后，考察了澳大利亚资本市场中会计信息的价值相关性是否存在下降的趋势。结果发现，会计信息价值相关性下降的主要原因并不在会计信息本身，而在于资本市场的定价失效。陆静（2007）[40]对我国双重上市公司披露的境内外会计信息是否在分割市场之间传递的分析表明，A 股市场存在一定程度的非理性因素，导致内地资本市场与香港资本市场之间会计信息的传递是非对称的。边泓、周晓苏、郑嵘（2009）[41]探讨了在新信息即将发布的短时间窗口中市场反应的具体诱因，结果发现，会计信息的价值相关性是由投资者在决策过程中对它的关注程度和使用方式所决定的，投资者的心态和认知过程对会计信息的价值相关性影响较大，投资者在激进的心理状态下，会计信息的价值相关性有所减弱。赵振全、刘淼、于震（2007）[42] 探讨了引起1994—2005 年期间我国上市公司会计信息价值相关性波动较大的因素，将这些因素归纳为会计度量效应和投资者行为效应，并利用剩余收益估值模型检验了这两种效应的存在性和影响力。他们发现，这两种效应是影响我国上市公司会计信息价值相关性的重要因素且均对会计信息价值相关性表现出负向影响，若剔除投资者行为因素的影响，会计信息价值相关性总体水平将显著提高。

R^2 的较低水平促使研究者提出了许多竞争性假说和修正方案，主要包括：①拓展测量窗口，将短期视角转换为长期视角，在回归模型中增加滞后和未来年份的会计信息。比如当报酬模型的测量窗口从 1 年扩展到 2 年、5 年和 10 年的时候，R^2 从 6% 分别提高到 15%、33% 和 63%。（Easton、Harries 和 Ohlson，1992）[24]。②区别盈利公司和亏损公司，结果发现对于盈利公司样本而言，模型的 R^2 为 16.9%，而亏损公司的 R^2 几乎为 0（Hayn，1995）[31]。③考虑会计谨慎性的影响。Basu（1997）[232] 认为，由于谨慎性原则意味着会计人员充分确认损失而谨慎确认利得，所以资本市场对坏消息的反应要比好消息迅速得多，这样损失可能与股票收益有更强的相关性。他将会计盈余对股票报酬进行反向回归，发现坏消息的样本比好消息样本的 R^2 高。

对于回归系数的优劣判别，则远比判定系数 R^2 的判别要复杂得多，这是因为不同的会计数据与股票价格或股票收益产生关系的方式各异，而且目前还没有一种价值评估模型可以准确预测价格模型和报酬模型的回归系数的理论值。然而，可以肯定的是，回归系数越大，表明单位会计信息对股票价格和股票收益的作用越大。从这个意义上讲，回归系数越大表示会计信息越有用。

3. 会计信息价值相关性研究的分类

会计信息价值相关性研究始于Ball和Brown（1968）[43]，经过多年的发展，经历了由单一变量到多元化变量、由利润表数字到整个财务报告数字、覆盖理论探讨和实证研究的发展历程，得出了有意义的研究成果。这些研究结论都证实了会计信息在资本市场具有重要的作用，为会计理论的发展、准则的制定提供了丰富的理论和实证基础。Holthausen和Watts（2001）[44]将会计信息价值相关性研究分为三类：①相对关联度研究（Relative Association Studies），这类研究将股票收益或股票价格对不同会计变量进行回归，通过比较回归方程的判定系数讨论不同会计信息的价值相关性。②增量关联度研究（Incremental Association Studies），即在长期窗口视角下给定其他变量，讨论特定会计信息是否有助于解释股票价格或股票收益。若该变量的回归系数显著异于零，则表明该变量是价值相关的。③边际信息含量研究（Marginal Information Content Studies），即讨论特定会计信息是否丰富了投资者可用的信息集合，这类研究通常采用事件研究法。Lo和Lys（2001）[45]根据研究方法的不同，对价值相关性研究分为信息含量研究、估值相关性研究和价值相关性研究。信息含量研究是基于Beaver采用的方法，它探讨的是某一会计信息的披露是否对信息使用者的决策产生显著影响，若某会计数字所导致的证券价格变化超出了市场的预期，那么就表示该数字具有信息含量，信息含量研究通常采用事件研究法。估值相关性源于Ball和Brown（1968）[43]的研究方法，探讨一个或多个会计变量以及这些变量如何与证券价格的波动发生关系。价值相关性研究的是股票价值的决定因素以判断会计数字在多大程度上决定了股票价值。汤云为和陆建桥（1997）[46]将资本市场会计研究按研究方法分为两类：一类是信息观。信息观是 Ball 和 Brown（1968）[43]、Beaver（1968）[20]等人所倡导的，这类研究关心的是会计信息与股票价格的关系，并不考虑市场是如何将信息转换到股价中去的，在这种方法下，股票价格的形成是一个黑匣子。信息观的重要假设就是市场对股票的定价是有效的，即股票价格反映了公司经济价值；到了 20 世纪 80 年代末 90 年代初，人们发现股票价格不仅反映了信息还反映了噪音交易者的噪音，从而认为股票市场可能并没有像人们所假设的那样有效（Ball，1995）[47]。于是，价值相关性研究逐渐转向第二类研究，即计价观。计价观是在对有效市场假说发生怀疑并且对信息作用股票价格的内在机制产生兴趣的基础上提出来的，其目的在于设计一套模型来说明会计信息应该怎样转换到股票价格中去，同时将根据该模型计算的股票内涵价值与其实际价格相比较，从而判断市场究竟是否有效。计价观的流行主要归功于 Ohlson（1995）[48]和 Feltham、Ohlson（1995）[49]提出的剩余收益股价模型，他们首次将股票价值与账面净资产和未来剩余收益联系起来，从而确定了会计数字在决定股票内涵价值方面的直接作用。

笔者通过整理和阅读大量的价值相关性研究文献，对其发展脉络进行了梳理，发现价值相关性研究的发展是沿着股票价值评估模型的发展轨迹而展开。价值评估模型的演变为人们研究不同会计信息的价值相关性提供了清晰的思路和理论基础。因此，本书根据股票估值模型的演变历程和价值相关性研究所关注的会计变量将价值相关性研究分为三类：①会计盈余及其构成项目的价值相关性研究。②现金流及应计利润的价值相关性研究。③账面净资产及剩余收益的价值相关性研究。笔者将这三类研究分别综述如下。

2.1.2 会计信息价值相关性实证研究成果

1. 会计盈余及其构成项目的价值相关性实证研究成果

由于会计盈余在价值评估和投资决策方面所具备的不容忽视的关键作用，所以会计盈余的价值相关性问题也是会计信息价值相关性领域的核心问题之一。根据研究的不同视角，可以将会计盈余价值相关性研究分为盈余公告的信息含量研究、盈余反应系数及其影响因素研究、盈余构成项目的信息含量研究。

(1) 盈余公告的信息含量研究

盈余公告的信息含量研究的目的在于检验“盈余信息披露”这一事件是否对资本市场产生影响，这类研究通常采用事件研究法，通过考察上市公司盈余公告前后若干交易日内股票收益与会计盈余之间的关系，来判断会计盈余是否能为资本市场提供有用的信息。若盈余公告引起市场收益率的异常波动，就表明会计盈余信息是有用的。这类研究始于 Ball 和 Brown 于 1968 年发表的著名论文“会计盈余数字的实证评价”[43]，这篇论文也开创了实证会计和价值相关性研究之先河。他们对 1957—1965 年纽约证券交易所的 261 家上市公司年度会计盈余信息披露前 6 个月到后 6 个月的股价变化与未预期盈余符号的关系进行实证研究，发现股价的变化与未预期盈余变动方向和幅度存在显著相关性，说明会计盈余的披露增加了投资者可用信息集，对证券市场的资源配置功能具有重要意义。同年，Beaver 发表了“年度盈利宣告的信息含量”[20]一文，他通过检验盈余宣告前后股票收益波动率和交易量来检验盈余公告对股票市场的影响，结果发现在公司年报披露前后一周内，股票价格的波动幅度和交易量显著高于其他交易周，这表明会计盈余宣告对于股票定价具有信息价值。根据他们的研究，一些学者相继将研究样本扩展到了整个美国证券市场以及美国以外的资本市场，对不同资本市场中的上市公司进行了相似的检验，包括 Foster（1975）[52] 对整个美国证券市场中的上市公司的研究，Forsgardh 和 Hertzen（1975）[53] 对瑞典上市公司的研究，Firfh（1981）[54] 对英国上市公司的研究，Knight（1983）[55] 对南非上市公司的研究等等，都得到了与 Ball 和 Brown（1968）[43] 的研究相似的结论。McNichols 和 Manegold（1983）[56] 调查了在美国股票交易所（ASE）上市的公司开始报告季度盈余后，年度盈余公布时的报酬率方差是否会降低。结果发现，公司的盈余披露从年度披露改为季度披露之后，年度盈余数据的信息含量降低了。类似的盈余公告对资本市场资源配置影响研究有 Forster（1977）[57]、Patell 和 Wolfson（1984）[58] 等。Ball、Bartov（1996）[59] 选取纳斯达克和美国证券交易所上市公司在 1974—1986 年间共计 70728 个季度盈余宣告样本，对股票市场对盈余宣告的反应进行了实证研究，结果发现市场对盈余宣告的反应存在 1 至 4 个季度的滞后。Lo 和 Lys（2000）[60] 通过创建一个 U－统计量来检验美国股票市场中上市公司季度盈余宣告的信息含量的历年变化情况。实证结果表明，美国 NYSE、AMEX 和 NASDAQ 三个股票市场从 1973 年第三季度到 2000 年第一季度的 28 年时间里，季度盈余宣告的信息含量没有发生系统性的向上或向下的改变。而 Landsman 和 Maydew（2000）[61] 却发现上市公司公开披露的会计盈余的信息含量在过去的 30 年中逐渐增加。Min Wu（2002）[62] 对 1977—2001 年期间的盈余更正（earnings restatements）进行了实证研究。他们发现，自 1998 年以来，盈余更正的数量急剧增加，在短期窗口下，盈余更正与股票超额报酬间存在较强的相关关系，说明盈余更正具有信息含量。

总之，盈余公告的信息含量研究表明，就平均意义而言，会计盈余具有信息含量，会计盈余及其相关信息的公告得到了资本市场的回应，未预期会计盈余对股票超额报酬具有一定的解释能力。然而，这类研究仅具有平均意义，这种平均数会掩盖各种差异，一些公司的超额回报可能高于平均数，而另一些公司的超额回报则可能低于平均数。这就产生了一个问题，为什么市场对某些企业盈余惊奇的反应比对另一些企业更强烈？资本市场对不同企业的会计盈余是否具有不同程度的反应？若能找到这一问题的答案，会计人员就可提高对投资者如何应用会计信息的理解，反过来这又可以促进会计人员编制更为有用的财务报表。基于以上需求，资本市场实证会计研究又展开了新的研究内容，即：盈余反应系数及其影响因素研究。

（2）盈余反应系数及其影响因素研究

所谓盈余反应系数（Earnings Response Coefficient），理论上讲，是收入的时间序列特征和股票市场价值变化中贴现率的一个映射（Mapping），是用来衡量某一证券的超额市场回报相对于该证券发行公司报告的盈余中非预期因素的反应程度（Scott）[63]。Beaver、Clarke 和 Wright（1979）[64]首先开始了盈余反应系数及其影响因素的研究。他们根据 1965 至 1974 年期间纽约证券交易所 276 家上市公司的资料，建立了 25 个按公司与年度划分的证券组合，对非预期盈余变动与市场超额回报进行回归，结果发现，会计盈余持续性越强，盈余反应系数越大。Lipe（1990）[65]认为，当股票市场存在其他信息源时，股票收益是会计盈余时间序列的持续性、折现率、会计盈余相对其他信息的增量预测能力等因素的函数，会计盈余反应系数是当前会计盈余对未来盈余预测能力的增函数。Siva 和 Swaminathan（1991）[66]对

1980—1983 年间在美国上市的 220 家公司 16 个季度共 3520 个样本进行了实证检验。结果表明，经风险调整的股票收益与未预期会计盈余、未预期营业收入、未预期费用均显著相关。Strong 和 Walker（1997）[67] 检验了英国上市公司报告会计盈余与年度股票收益的关系，证明英国上市公司会计盈余具有价值相关性，另外，未预期盈余对超额盈余的解释能力高于会计盈余的解释能力。Kormedi 和 Lipe（1987）[1] 对会计盈余与股票收益的相关程度进行了估计并对会计盈余的时间序列特征是否会影响盈余反应系数的大小进行了研究，结果表明，持续性越强，盈余反应系数越大。Easton 和 Zmijewski（1989）[2] 也对盈余反应系数影响因素进行了研究，他们发现盈余反应系数与风险负相关，但与公司规模的关系并不显著；Collins 和 Korthari（1989）[68] 采用权益市值面值之比作为公司成长性的量度，他们发现成长性越好的公司盈余反应系数越高；Dhaliwal、Lee 和 Farger（1991）[69] 研究证明资本结构与会计盈余反应系数负相关。Ball、Korthari 和 Watts（1993）[70] 认为风险和财务杠杆是影响会计信息价值相关性的因素之一。Easton、Harries（1991）[24] 分别运用变化值模型（Changes Model）、水平值模型（Levels Model）和综合模型（Multiple Model），对会计盈余与股票收益的关系进行了研究，其样本覆盖了 1968—1986 年共 20188 个公司—年度数据。他们的研究结果表明，会计盈余水平值比其变化值更具价值相关性。他们以股票收益水平值（Return）替代超额盈余（Abnormal Return）的方法也逐渐得到认可。Ali 和 Zarowin（1992）[71] 也认为会计盈余水平值比未预期盈余的价值相关性更高。Ohlson 和 Shroff（1992）[72] 通过计量学分析认为，由于会计盈余难以预测，导致价值相关性研究中广泛使用的未预期盈余变量难以准确计量，因此，在会计信息价值相关性研究中以会计盈余水平值为自变量优于以未预期盈余为自变量。Barth（1999）[73]对会计盈余增长模式和股票市盈率的关系进行了研究。他们发现，经历了盈利增长的公司市盈率水平高于其他公司，公司的市盈率水平与公司增长表征变量之间呈正向关系，与公司风险表征变量之间呈反向关系。他们还发现，当公司由盈利增长阶段转向盈利下降阶段时，市盈率水平随之下降。Ghosh等（2005）[74]关注了盈余增长模式与盈余反应系数的关系，他们的研究表明，依靠营业额增长支撑盈余增长的公司与依靠降低成本支撑盈余增长的公司相比，盈余反应系数较高，这是因为前一类公司盈余增长持续性较强、盈余质量较高。Lev和Thagarajan（1993）[75]提出了考虑会计盈余质量的方法，根据财务分析人员使用的基础财务比率指标作为盈余质量的替代变量，研究发现盈余质量高的投资组合ERC较高。Ryan、Zarowin（2003）[76]对30年来股票报酬与会计盈余之间的关系持续下降进行了解释，他们提出了两种解释：首先，相对于股票价格而言，会计盈余提供信息的滞后状态一直在加剧（会计盈余与同期股价相关性较弱而与滞后期股价相关性较强）；其次，会计盈余中包含噪音，其对坏消息和对好消息不对称的反应方式也在加剧。

在研究过程中，研究者们发现通过实证检验模型所得出的盈余反应系数通常在1—3之间（Kormedi和Lipe（1987）[1]、Easton和Zmijewski（1989）[2]），远远低于其理论值。假设年度会计盈余服从随机游走分布且折现率为10%，那么盈余反应系数应该等于11（=1+1/r）。如此巨大的差异促使研究者们提出了进一步的假说和解释，主要包括以下四种：即①价格引导盈余（Prices Lead Earnings）。Beaver、Lambert和Morse（1980）[77]首先提出这一解释，他们认为由于会计盈余信息必须遵循权责发生制原则与配比原则，因而不可避免地存在一定的滞后性，导致包含在股票价格中的信息集要比会计盈余信息更为丰富。②无效的资本市场（Inefficient Capital Market）。若投资者不能正确理解和运用会计信息，会计信息所引起的股票价格波动就必然小于理论水平，这就是资本市场对未预期盈余反应不足。大量实证研究证明了资本市场存在这种反应不足从而导致盈余反应系数过小。③会计盈余中存在噪音（Noise in Earnings and Deficient GAAP）。Lev（1989）[3]和 Kothari（1992）[63]都认为由于公认会计准则在确认、计量、记录和报告等方面存在缺陷，导致会计盈余中存在计量噪音，不能反映真正的经济盈余，造成其与股票收益之间的相关关系偏低。④暂时性盈余（Transitory Earnings）的存在。由于大多数研究都假设会计盈余服从随机游走，但如果会计盈余数据中包含了一部分暂时性盈余，这种随机游走状态将受到冲击。而且，由于暂时性盈余对未来会计盈余不具备预测能力，因此暂时性盈余的存在降低了盈余反应系数。Collins，Maydew 和 Weiss（1997）[22]、Hayn（1995）[31]、Elliott 和 Hanna（1996）[78]、Ramakrishnan 和 Thomas（1991）[79]等从各个角度证明了这一观点。

（3）会计盈余构成的价值相关性研究

由于会计盈余构成项目具有不同的可持续性，因此这些项目对于未来股利的预测能力是不同的。在一个有效的资本市场中，市场总能识别这些项目的差异并给予区别定价，所以，如果资本市场是有效的，那么会计盈余构成项目应该具有不同的股价效应。反之，若市场不能识别会计盈余构成项目的差异，则表明市场存在着“功能锁定”现象，不是完全有效的。基于此目的，研究者开始了对不同盈余构成项目价值相关性的研究。对会计盈余构成项目的分类包括：永久性盈余（Permanent Earnings）和暂时性盈余（Transitory Earnings）、核心盈余（Core Earnings）和非核心盈余（Non－core Earnings）、主营业务利润和非主营业务利润、现金流和应计利润等，其中现金流和应计利润数据主要来源于资产负债表和现金流量表，故本书在2.1.4节对现金流和应计利润的价值相关性进行综述。

Barth et al.（1990）[80]在研究银行类股票时发现，会计盈余在剔除了“证券投资利得和损失”项目后，其与股票报酬的关联度有所提高。Ohlson 和 Penman（1992）[81]的研究结论显示，在较短的窗口期内，会计盈余的不同构成项目具有显著不同的价格效应，但这种差异随着窗口期的延长而消失。Korthari 和 Zimmerman（1995）[82]用一个随机游走模型展示了暂时盈余对 ERC 的影响，他们认为，由于暂时盈余的存在破坏了会计盈余的时间序列特征，将使 ERC 低于预期值。Collins，Maydew 和 Weiss（1997）[22]也认为，若将持续性盈余与暂时盈余分开并将它们独自带入回归模型，将会产生更接近于预测值的回归系数，模型的解释力就会增加。Elliott 和 Hanna（1996）[78]将经市场模型调整的超额报酬与扣除异常项目之前的会计盈余与异常项目盈余这两个变量同时进行回归，结果表明异常项目盈余的系数非常小，并且不具显著性。Ohlson（1999）[83]也对暂时性盈余进行了专门研究。他首先界定了暂时性盈余，然后分析了其与其他盈余构成项目的差异。他认为，暂时性盈余具有三方面特征：一是不可预测性；二是与其他盈余构成项目不相关；三是与公司内涵价值不相关。

（4）中国资本市场会计盈余价值相关性研究成果

随着中国证券市场的兴起，我国会计学者也开始关注会计盈余及其构成项目的价值相关性研究。赵宇龙（1998）[84]借鉴了 Ball 和 Brown（1968）[43]的研究方法，对上海股市会计信息3家样本公司从1994年到1996年共369个盈余披露日前后各8周的股票非正常报酬率的符号与未预期会计盈余的符号之间的相关性进行实证检验。结果表明，会计盈余信息的披露伴随着股票非正常报酬率同方向的变动，说明会计盈余信息及其披露对投资者的投资决策和交易行为产生了实质性的影响。陈晓、陈小悦和刘钊(1999)[85]以深沪两市261家上市公司1994—1997年年报的764个公告数据，在交易量分析的基础上，运用回归分析方法，检验盈余数字的有用性。股本交易量研究结果表明，在盈余公告日附近确实有新的信息抵达市场，导致交易量发生变动，并证实了预示效应和公告效应。在盈余公告的具体回归分析中，以公告日前后各20天的日超额盈余作为研究对象，分别考察它们对年度非预期盈余的反映，回归结果显示市场在一定程度上存在着盈余的预示效应，表明中国A股市场，盈余数字具有有用性。黄志忠(2002)[86]以1994年4月31日前在沪市上市的168家公司会计信息为样本总体，运用样本公司3年的横截面数据和混合面板数据，对会计盈余的信息含量进行研究，回归结果表明尽管上市公司利润操纵现象较为普遍，个别公司影响恶劣，但投资者仍然以上使公司披露的财务信息为依据进行决策。孙爱军、陈小悦(2002)[87]以1992—1998年中国股市的全部数据样本，利用ERC模型检验了会计盈余的信息含量。结果发现中国股市的信息含量十分显著且逐年增强。张庆翠（2004）[88]用基于时间序列的盈余预测模型、基于随机游走的盈余预测模型以及盈余公告日附近较短时间窗内的市场超常收益数据来计算未预期盈余，研究结果证实了我国股票市场存在显著的盈余公告后的股价持续调整效应。这是从另一个角度研究盈余效应的存在性。王永锋、肖瑶(2005)[89]利用均值模型检验会计盈余的信息含量，他们根据未预期盈余的符号将样本公司分为好消息和坏消息两个组合，发现在会计盈余披露周，未预期盈余与超额回报之间不存在非常显著的统计相关性。因此，他们认为，在中国股票市场中，会计盈余不具有明显的信息含量。陆静（2007a）发现，在中国A股市场上，境内报表披露的会计盈余等信息与股票超额收益之间没有显著的相关性，但在H股市场会计信息与股价的相关性较强，这说明内地资本市场与香港资本市场的分割效应较明显。边泓(2009)将2003—2008年我国资本市场分为投资者心态平稳期、激进期和恐慌期，结果发现，投资者的心态影响了会计信息价值相关性的存在与强弱：在激进心态下，会计盈余的变化具有较强的价值相关性，而平稳心态下账面净资产及其变化具有较强的价值相关性。此外，陆宇峰（2000）[90]、赵宇龙（2000）[91]、赵春光（2003）[92]等在年报会计信息价值相关性方面进行了研究。赵宇龙、王志台（1999）[93]对我国证券市场"功能锁定"现象进行了实证检验，他们以公司的主营业务作为"永久盈余"的表征变量，从信息观和计量观两个维度，检验我国证券市场是否能够从利润总额中识别出主营业务利润成分作为资产定价的依据，实证结果表明，市场对股票的定价并不是以体现公司真正业绩的永久盈余为基础，而是锁定于公司的名义会计盈余。作者进一步对功能锁定现象的形成机制进行了剖析，认为正是由于我国证券市场制度上和规则上的不成熟、不完善，导致交易操纵者为了获取超额利润，有动机维持市场的"功能锁定"状态。王志台(2000)[94]以主营业务利润比重为会计盈余持续性表征变量表示盈余质量，采用事件研究法，考察在其他条件相同的情况下，主营业务利润比重不同的两类公司，在报表公布前后一定期间内的累积超额报酬是否相同，以此检验市场能否区分持续性不同的会计盈余，结果表明中国投资者还不能辨别不同质量的盈余项目。Wu DongHui（2003）[95]以1994年5月至2002年8月间中国上市公司为样本，研究投资者是否能识别核心盈余和非核心盈余的定价信息，结果发现，投资者高估了非核心盈余而低估了核心盈余。孟焰、袁淳（2005）[96]对1998—2003年度的5705个研究样本中亏损公司会计盈余价值相关性的特性进行了实证分析，发现亏损公司会计盈余价值相关性要明显弱于盈利公司，而决定亏损公司价格的主要因素在于亏损公司发生卖壳行为的可能性。李寿喜（2005）[97]考察了1993—2003年上市公司会计盈余质量与股票价格的相关性后发现，非正常损益在1%显著性水平上与股票价格正相关，说明投资者不注重会计盈余质量，不能分辨不同盈余构成项目在股票定价中的不同含义。张景奇、唐英力、邓志琼（2005）[98]运用价格模型对我国沪深两市A股1990—2003年共8179个样本的股价与年报会计信息进行了实证研究，结果表明，1996年较高的会计信息价值相关性主要源于非主营业务利润占主营业务利润的比例较高，作者认为这说明我国资本市场投资者的不成熟和非理性行为。

总之，关于会计盈余价值相关性的研究主要有以下结论：①会计盈余具有价值相关性，但盈余反应系数远低于理论水平。②会计盈余构成项目的价值相关性不存在显著差距，证券市场存在明显的“功能锁定”。

2. 现金流及应计利润的价值相关性研究成果

会计盈余虽然具有价值相关性，但是它也存在极大的局限性，例如，遵循会计准则导致的滞后性、管理层操纵导致盈余信息失真等。因此，其他会计信息是否能更好地计量公司业绩、解释股票收益并具有更强的价值相关性，就成了会计学者研究的新领域。Ou和Penman（1989）[99]认为，虽然应计制导致会计盈余相对股票价格而言具有一定的滞后性，但是财务报告同时还提供了其他有用的会计信息，例如资产负债表、现金流量表等，这些信息能够同步反应包含在股票价格中的所有信息。因此，他们认为，会计信息价值相关性研究不应限于会计盈余信息，还应该包括诸如现金、股利、应收账款、对外投资、固定资产等项目。

在资产负债表、现金流量表项目中，最受研究者关注的变量是应计利润和现金流。究其原因，一方面因为会计盈余与现金流量价值相关性的强弱直接涉及到以权责发生制为基础范式的现有会计体系是否具有存续的必要；另一方面，现金流动制会计理论的倡导者认为现金流比会计盈余更具有决策有用性。在理论铺垫方面，Modigliani 和 Miller（1958）[100]针对经济不确定性问题，提出了著名的 MM 理论。他们认为：在不确定情况下，股票价值（权益价值）等于企业市场价值减去债务价值。该理论直接促进了基于现金流的价值评估模型的产生。

Bernard 和 Stober（1989）[101]认为，没有证据表明现金流和应计利润对股票超额回报（Abnormal Return）的解释能力存在差异。Dechow（1994）[102]发现会计盈余比现金流具有更高的价值相关性的条件有三：一是公司业绩计量的时间跨度要短；二是公司的盈余资本需求和投融资活动的波动性越大越好；三是公司经营周期较长。Biddle，Seow 和 Siegel（1995）[103]通过检验 40 个不同行业的上市公司的净收入、经营现金流、净销售收入的信息含量，发现净收入比现金流提供了更多的相对信息含量，而净销售收入比现金流提供了更多的信息含量，但是分行业检验显示，在多达 28 个行业中，现金流提供了比净销售收入、在 22 个行业中提供了比净收入多的增量信息含量。Subramanyam（1996）[104]以 1973—1993 年 2808 家公司共 21135 个公司—年度数据为样本，对股票收益与可操控性应计利润（Discretionary Accruals）的关系进行了实证研究，回归方程的修正 R^2 系数为 6.48%，作者认为，这说明可操控性应计利润具有信息含量，管理层利用其传达了关于经济价值的有用信息。Sloan（1996）[105]发表了题为“股票价格充分反映了现金流和应计利润中关于未来盈余的信息吗?”，文章指出，虽然现金流比应计利润具有更高的可持续性，但是市场存在功能锁定现象，投资者难以区分现金流和应计利润的不同定价含义，因此，应计利润占比较高的公司未来超额回报为负值。Sloan 对应计利润的计量方法得到了广泛的认可。Black (1998)[106]认为企业所处的生命周期可能决定现金流与应计利润这两个变量价值相关性的大小：当企业处于成长/成熟期和成熟期阶段会计盈余的价值相关性高于经营现金流，而且在这两个阶段中，应计利润比经营现金流提供了更多的价值相关性信息。但对于创业阶段的公司而言，投资现金流比会计盈余具有更高的价值相关性；Ali（1992）[71]通过讨论应计利润与未来收益的关系检验 Sloan（1996）[105]的上述观点。他们以“机构持股比例”和“规模”表示投资者理性程度，将 1971—1995 年共 86108 个公司一年度观测值分为五组，将股票收益对应计利润、权益面值市值比（B/M）、风险系数 β 和会计盈余进行回归。结果发现，投资者理性程度较高的公司，会计盈余与下一年度股票收益的关系更强。Beaver（2001）[107]的研究发现，投资者低估了财产保险和意外伤害保险公司的现金流而高估了应计利润的可持续性。Francis (2005)[108]认为，不应将“非本期交易”（non - current - period transaction）因素包含在应计利润中，他们将应计利润定义为应收账款，结果发现现金流与应计利润的持续性差异缩小了 70%。Easton、Pae（2004）[109]将现金投资变化值（Δcash investment）、滞后期营运资产（lagged operating assets）变量引入 Easton、Harries（1991）[24]模型，发现两个变量的回归系数均显著为正，他们认为这显示了谨慎性原则对会计信息价值相关性的影响。William、He 和 Karen（2006）[110]用了 20 个国家的市场公司为样本，研究应计利润与经营现金流的价值相关性，结果发现：由于管理层利用应计利润操纵会计盈余，导致应计利润的存在降低了会计盈余的价值相关性水平。Kumar和Krishnan（2008）[111]对应计利润和经营现金流的价值相关性及其影响因素的研究表明，会计盈余的价值相关性与公司面临的投资机会呈倒U型关系，这主要是因为应计利润和经营现金流的相对价值相关性随投资机会发生了变化：当公司的投资机会较少时，经营现金流的价值相关性随投资机会的增加而上升，但当公司处于高投资机会水平时，应计利润的价值相关性随投资机会的增加而下降。Yoon、Gwanju等(2007)[112]对韩国资本市场的实证研究表明：股票收益与会计盈余和经营现金流均存在一定的关系，但会计盈余与股票收益的关系较经营现金流更紧密。尽管如此，经营现金流仍然一直与股票收益保持着显著正相关关系。他们还指出，韩国资本市场存在"功能锁定"现象，市场无法识别经营现金流和应计利润的差异，没有现金流支撑的应计利润也会引起股价的波动，这与有效市场假设不相符。Pascale、Denis等（2006）[113]研究了瑞士市场中可操控性应计利润的主动披露是否能限制公司的盈余管理并因此对会计盈余的价值相关性产生积极影响。他们发现，由于可操控性应计利润具有粉饰和平滑会计盈余的作用，导致其在定价中的比重较低，从而降低了会计盈余的价值相关性。

中国上市公司从1998年开始披露现金流量表。此后，研究者也逐步展开了现金流与应计利润的价值相关性研究。Wu Dong-Hui (2003)[95]发现，虽然现金流与应计利润的计价含量不同，但中国投资者低估了现金流而高估了应计利润。赵春光(2004)[114]对现金流价值相关性进行了实证研究，他的样本为1999—2002年共价值相关性87个公司—年观测值，通过比较回归模型的修正R^2和回归系数。他认为，会计信息按价值相关性大小排列顺序为净利润、经营利润、经营应计利润，他还发现，从2001年开始应计利润有了增量价值相关性。章之旺（2004）

分析检验了现金流量信息在财务困境预测中的相对信息含量和增量信息含量，发现现金流量表为投资者提供了决策有用的信息。齐伟山、欧阳令南（2005）[115]研究了超额应计利润的反转特征与股票市场价值评估的关系，结果发现，超额应计利润为正数的好（坏）消息公司，其盈余反应系数低于（高于）超额应计利润为负数的好（坏）消息公司，说明投资者对会计盈余的应用并未锁定在表面，而是对其进行了区分定价。该研究与赵宇龙（1999）[116]年关于功能锁定的研究结论不一致，对此，作者认为这与中国证券市场效率不断提高有关。徐浩峰（2006）[117]则从盈余持续性特征的角度来分析，提出超额回报不能反映盈余持续性的特征，而且投资者还不能完全认识到盈余中现金流量盈余和应计利润不同持续性的特性。田静（2006）以1992—2004年A股上市公司为样本，利用修正的DD模型对上市公司的现金流质量进行了计量，结果发现，应计利润质量是影响会计信息价值相关性的重要因素之一。万宇洵、陈波等（2007）[118]发现现金流量的价值相关性弱于会计盈余的价值相关性。

综上所述，现金流及应计利润这两个会计变量的价值相关性孰高孰低是由诸多因素决定的，这些因素主要有：①检验期的长短：短期内，会计盈余与股价的相关性要高于经营现金流，但随着检验区间的拉长，这两个业绩计量变量的价值相关性有趋同的趋势。②会计盈余的构成比例：暂时收入比重越大，经营现金流就更能反映公司实际来自经营的业绩创造结果，经营现金流的价值相关性就高于会计盈余；暂时收入比重越小，二者的差异越不显著；应计利润所占比重越小，盈余与现金流的价值相关性越接近，但是当应计利润比重较大时，经营现金流的价值相关性就降低了。③投资者理性：若以“交易操纵者持股”表示投资者理性，那么投资者越理性，现金流及应计利润的价值相关性越接近。

3. 账面净资产与剩余收益的会计信息价值相关性实证研究成果

1995年，Ohlson（1995）[48]和Feltham、Ohlson（1995）[49]提出了剩余收益估值模型（Residual Income Valuation Model），将股票价值表述为股权账面价值和剩余收益的贴现值之和。这一模型首次用简单的线性函数将股票估值与会计信息的关系做了清晰的描述，成为价值评估领域新的里程碑，也开创了会计信息价值相关性研究新的篇章。此后，许多会计信息价值相关性研究都转向剩余收益、股权账面价值和内涵股价（基于F-O模型）价值相关性。相关研究可以分为两类，一类是直接以账面净资产和剩余收益为自变量进行价格模型和收益模型的回归，另一类是判断F-O模型计算出的内涵价值V与股票价格的关系。

第一类研究中，具有代表性的有Collins（1999）[119]、Begley（2002）[120]、Marquardt（2004）[121]等。Collins（1999）[119]发现，将股权账面价值加入回归模型可以消除亏损公司市盈率为负数的现象，从而证明了股权账面价值在亏损公司价值评估中的作用。Begley（2002）[120]将F-O模型进行了扩展，加入了滞后一期和滞后两期的分析师预测信息，结果发现，股票市值与股权账面价值之差是滞后期剩余收益的函数。Marquardt（2004）[121]采用价格回归模型研究了盈余管理是否会影响净利润和股权账面价值的价值相关性。结果发现，盈余管理组的方程判定系数为0.74，而对照组的方程判定系数为0.68，说明盈余管理降低了会计信息的价值相关性。S. Nagel（2005）[122]1980—2003年期间，按市净率指标将样本公司进行分组分析，发现市净率较低的成长股比市净率较高的价值股的收益平均低了1.44%。Hellstrom（2006）[123]以捷克资本市场为样本，研究了转型经济体中会计信息的价值相关性，得出两个结论：第一，转型经济中会计信息的价值相关性低于发达经济体；第二，随着经济转型的进展，会计信息的价值相关性有所提升。Kang 和 Pang（2005）[124]认为信息披露透明度是影响价值相关性的重要因素，他们利用美国资本市场样本，发现：发达国家信息披露比发展中国家更透明，导致账面净资产和剩余收益的价值相关性更高。Kee－Hong、Bae 和 Seok Woo Jeong（2007）[125]发现，公司治理水平是影响会计信息价值相关性的重要因素。他们基于 F－O 模型对韩国大型集团公司账面净资产和会计盈余这两个会计变量的价值相关性进行了研究。发现：大型集团的价值相关性较低，交叉持股对价值相关性具有负面影响，而外国人持股有利于提升会计信息的价值相关性水平。EI－Gazzar、Finn 和 Tang（2009）[126]对航空公司处于管制与非管制两种管理模式下时的会计信息价值相关性进行了实证研究。他们将股票价格对会计盈余、账面净资产和经营现金流进行了回归，结果发现：在管制期内，账面净资产和经营现金流对股票价格的判定系数较高；在非管制期内，与股票价格相关性较强的会计变量却是会计盈余，此时账面净资产和经营现金流对股票价格的判定系数下降。上述研究充分说明，影响会计信息价值相关性的因素已经远远超出了会计信息本身，考虑这些因素的影响对于准确衡量会计信息价值相关性至关重要，这也从另一个侧面说明本书从交易操纵视角研究价值相关性的必要性。

中国市场方面，陈信元（2002）[127]在 F－O 模型的基础上，在回归模型中加入了股本规模和流通股比例这两个解释变量，分别随 1995 至 1997 年度的会计信息与股价的关系进行了检验，发现股权报酬率、股本规模和流通股比例这三个指标对股票收益具有解释作用。赵志君（2003）[128]运用 F－O 模型考察了股票价格对内涵价值的偏离度，提出了公司在存续有限期和存续无限期但超额盈余存续有限期的情况下的内净率（股票内涵价值/账面净资产）决定模型，将账面净资产收益率、资本成本、账面净资产增长率及公司存续期或超额盈余存续期纳入估值模型。李向荣（2005）[129]将2003年深沪上市公司按行业分为21个子样本，对价值相关性在不同行业的差异进行了研究，结果表明，会计盈余、股权账面价值两个变量均与股价显著正相关。Liu等（2007）[130]以价格对会计盈余和股权账面价值进行回归来研究中国发行A、B、H股的上市公司会计信息价值相关性是否存在差异，他们得出了三个结论：首先，A、B、H股上市公司的会计信息都具有价值相关性；其次，A股市场中，仅发行A股的公司和同时发行A、B股以及A、H股的公司在会计信息价值相关性方面无显著差异；最后，对内地投资者开放B股市场降低了B股市场的价值相关性。李晓强（2004）[131]对会计盈余和账面净资产账面值的价值相关性研究表明我国会计准则下的会计信息的作用略强于国际会计准则下的会计信息。任煜（2009）[132]基于剩余收益模型，考察了2004—2008年中国市场银行股票市场定价与会计信息的价值相关性，发现账面净资产和剩余收益均具有显著的价值相关性。刘永泽、孙翯（2011）[133]采用剩余收益模型和收益模型，对我国上市公司年报中公允价值信息的价值相关性进行研究，发现：我国上市公司与公允价值有关的会计信息具有价值相关性。

第二类研究的目的主要在于通过考察内涵价值与股票价格的关系，探讨决定资本市场效率的因素。Anthony（2004）[134]运用F－O模型计算股票内涵价值（Intrinsic Value），然后以价值与价格之比（V/P）降序将样本公司组成四个投资组合，结果发现，低V/P组合与高V/P组合一年期收益存在显著差异。他们还发现，噪音交易者投资于已经被市场高估的股票，而套利者因其财富的限制，不能通过自身交易将股价回归其均衡状态。刘煌松（2005）[135]运用修正的 F－O 模型测算了中国 A 股当时的平均内涵价值为 4.03 元/股。扬善林、杨模荣（2006）[136]以 F－O 模型模拟的内涵价值为基础，检验上市公司股权分置改革对股价（P）和内涵价值（V）的相关性的影响。研究表明，股权分置改革完成后，P 和 V 的相关性显著提高，业绩较差的公司股价相对价值偏离程度得到了一定程度的修正。

综上所述，基于 F－O 模型的价值相关性研究主要有以下两方面结论：①账面净资产与剩余收益这两个会计变量均具有显著的价值相关性。②用 F－O 模型计算出股票内涵价值，并将其与股票价格进行回归，但回归方程系数拟合值并不等于或接近系数理论值 1，这表明资本市场价格未能无偏地体现股票内涵价值。

2.1.3 会计信息价值相关性研究述评

会计信息价值相关性研究是通过调查会计数据是否与股票价格或其变化相关来判断会计信息对于投资者是否有用，这类研究始于 Ball、Brown（1968）[43]和 Beaver（1968）[20]。经过了多年的积累和发展，价值相关性研究已经取得了丰硕的研究成果。

在会计变量选择方面，价值相关性研究已经由单变量研究发展为多变量研究、由主要关注利润表信息发展为关注所有会计报表信息。在研究目的方面，由狭义的以检验会计信息有用性为目的延伸为以资本市场效率检验和投资者行为分析为主要目的，这些发展和延伸为会计信息价值相关性这一经典研究提供了更为广阔的平台和发展空间，也为后续研究提供了新的视角。

已有研究成果主要表现在以下几方面：

第一，会计信息是具有价值相关性的，在众多竞争性信息中，会计数据为资本市场提供了有用的信息。不论采用价格模型还是报酬模型，也不论是资产负债表项目还是利润表项目，已有研究都肯定了会计信息在股票定价方面的重要意义，会计信息是资本市场的重要信息之一。无论资本市场处于何种有效状态，会计数据所代表的基本面信息都是投资者进行投资决策的重要依据。现有价值相关性研究已经涵盖了基本上所有财务报告数据，例如：资产负债表中的总资产、流动资产、应收款项、固定资产、无形资产等存量数据；损益表中利润总额、营业利润、非经常性损益；现金流量表中的经营现金流、筹资现金流等，此外还包括表外项目、报表附注等。理论上讲，所有财务报告数据均可进行价值相关性研究，但基于成本效益原则和不同的价值评估理论，目前价值相关性研究主要包括三类：①会计盈余及其构成的价值相关性研究。②应计利润与现金流的价值相关性研究。③账面净资产与剩余收益的价值相关性研究。这三类研究分别起源于三类不同的价值评估理论——股利折现理论、现金流折现理论及剩余收益估值理论，这三类研究在时间上形成递进关系，在空间上则形成共存互补关系。

第二，不同会计信息在价值相关性方面具有差异性，对这种差异性的分析具有重要意义，主要表现在两方面：首先，按价值相关性对会计信息的重要性进行比较和排序，判别不同会计信息在资本市场中的不同作用，甄别最具成本效益原则的会计确认、会计计量、信息披露、报表编制原则和方法。这对提升会计准则制订效果和会计信息质量具有基础性指导意义。例如，对持续盈余与暂时盈余价值相关性差异分析有助于提高回归方程判定系数；对应计利润与现金流价值相关性差异分析可以甄别不同会计计量模式的优劣；对利润表数据与资产负债表数据价值相关性差异分析给权益证券定价提供理论和实证基础。其次，对具有不同信息含量的会计数据所引起的市场反应进行比较，揭示资本市场效率形式，例如：应计利润与现金流在预测未来可分配股利方面具有差异性，有效资本市场能够识别该差异，否则资本市场就未达到有效状态。已有研究在会计信息价值相关性差异性分析方面的结论主要是：①由于暂时性盈余的可持续性较差，对未来可分配股利的预测能力较低，其存在降低了会计盈余的价值相关性水平，因此，会计盈余的价值相关性研究有必要区分暂时盈余与可持续盈余。②虽然应计利润与现金流具有不同的定价含义，但资本市场未能对其实行区别定价，投资者不能辨别应计利润与现金流的差异，导致资本市场存在明显的“功能锁定”现象。③除利润表信息外，资产负债表和现金流量表信息同样具有较最高的价值相关性，这也证明了财务会计理论框架资产负债表视角的重要性与必要性。

第三，价值相关性研究已经突破了传统的验证会计信息有用性为目的，逐渐开始与行为金融学相结合，探讨投资者行为对资本市场定价效率的影响，这为价值相关性研究提供了全新的视角和平台，也促进了该领域的进一步发展。由于交易操纵者在资本市场中的重要性，因此，交易操纵者的交易特征及其在提升资本市场有效性方面所发挥的作用就成为这类研究的重点。具体而言，交易操纵者在信息获取、信息理解等方面是否较个人散户投资者具有优势？交易操纵者是否能够识别不同会计信息在资产定价中的差异？操纵者交易是否具有理性投资者特征？交易操纵者能否引导资本市场中的资金流向价值股、成长股并提高资本市场的资源配置效率？交易操纵者能否完善公司治理机制、限制管理层盈余管理行为、提高会计信息质量？已有对上述问题的研究大致可分为两类：第一类是以“操纵者交易比例”或“操纵者交易比例变动”等变量表征投资者理性，研究交易操纵者在规范公司治理、提升公司内涵价值等方面的作用。这类研究基本得到了一致的结论，即：操纵者交易比例越高，机构对被投资公司的监督力度越大，该公司基本面信息越好。但单个操纵者交易比例过高，则会滋生大股东控制、掏空、大股东侵害等损害公司治理的行为，因此，交易操纵者持股与公司内涵价值呈倒 U 型关系；第二类研究是通过对交易操纵者持股所引起的资本市场反应进行实证研究，证明操纵者交易是否促进了资本市场发展。该领域研究结论尚存在一定分歧：有的研究肯定了交易操纵者通过理性套利所发挥的价值发现、投资导向等积极作用（如 Chopra，Lakonishok，和 Ritter（1992）[137]、James Jimbalvo、Shivarm Rajgopal (2002)[138]、周学农、彭丹（2007）[139]等）；但有的研究认为没有明确证据支持交易操纵者上述作用（如：Nofsinger 和 Sias（1999）[140]、曹崇延、李娜（2008）、向海燕、王平心（2009）[38]等）。由于我国资本市场的特殊性，所以探索交易操纵者在我国资本市场的作用，具有重要意义，这也是本书研究视角，即：从会计信息所引起的市场反应与交易操纵者持股、操纵者交易之间关系的视角，探索我国资本市场中交易操纵者的地位和作用。

虽然取得了上述丰硕的研究成果，但会计信息价值相关性研究仍存在不足，尤其是在研究方法上存在缺陷，即：现行研究范式将“会计信息与内涵价值的相关性”转化为“会计信息与股票价格的相关性”。当资本市场处于半强式有效状态，股票价格能够充分反映会计信息所揭示的股票内涵价值时，这种转换是科学合理符合逻辑的。然而，现实资本市场并未达到半强式有效状态，由于市场非理性因素的存在，股票价格并未充分地反映会计变量所包含的定价信息，股票价格也不能公允、无偏地表征内涵价值，那么价值相关性研究的基础假设就存在一定的偏差。研究假设的偏差，从源头上破坏了价值相关性研究的效率，导致现行

"以股票价格表征内涵价值"的研究模式存在将"资本市场非有效"和"会计信息无价值"混为一谈的偏误。因此，如何在资本市场弱式有效甚至资本市场无效的现实背景下准确评估会计信息价值相关性具有重要的理论及实际意义。

2.2 交易操纵及其对股市影响研究综述

交易操纵这一概念是由 Allen 和 Gale（1992）[16]提出的。他们将股价操纵分成了三种类型：基于信息的操纵、基于行为的操纵、基于交易的操纵。基于信息的操纵是指操纵者为了获取利益，通过制造谣言、传播错误或虚假的消息来误导投资者，从而影响股价最终获得利益的操纵行为；基于行为的操纵是指行为操纵者通过自身的行为改变公司的基本面进而改变公司价值获取利益，其采取的行动主要是购并行为；在基于交易的操纵中，操纵者没有采用任何行动改变公司价值，也没有利用虚假或错误信息诱导投资者，只是通过买卖交易行为激发错误的市场预期改变股价，达到操纵股价的目的。可见，交易操纵是指行为人为了获取不正当利益，违反证券法规的规定，通过制造证券市场交易假象人为地影响证券市场正常价格，诱导投资者作出错误投资决策的行为。交易操纵的形式多种多样，主要有洗售、合谋、连续交易、轧空等方式。（向中兴，2006）[141]。交易操纵行为作为证券市场中的主要违法行为，是广泛存在的。它破坏了证券市场的正常秩序，降低了市场的效率。因此，近年来各国学者越来越重视对交易操纵的研究，分别从理论和实证两方面对交易操纵进行了研究。

2.2.1 交易操纵理论研究综述

国外对交易操纵的理论研究始于20世纪70年代。Hart (1977)[142]第一次从理论角度证明了操纵存在的可能性，他指出，有效市场和理性预期是进行操纵研究的基础，只要静态均衡不稳定，投机者就可以获利的。Glosten和Milgrom（1985）[143]提出了一个做市商制度下的序贯交易模型，描述了价差在内在信息的性质、知情者的数量、交易者的供给和需求弹性等因素影响下是如何变化的，进而分析了指令流与做市商市场报价之间的动态关系。他们认为，当交易者买入股票时，做市商会向上修正其对资产价值的预期；而交易者卖出股票则使得做市商向下修正其对资产价值的预期，报价就会随着做市商对资产价值预期的变动而变动。Vila（1989）[144]认为操纵者会跟他人联合，在目标公司消息公布前大量买入股票，股价上涨后卖出股票获利。随后的研究者论述了投资者“羊群行为”和正反馈交易特征对交易操纵的影响。Scharfastein和Stein（1990）[145]认为交易操纵者因为拥有更多的股票，其交易行为对股价的影响更大，这种影响更会被羊群行为放大，使股价波动，破坏市场稳定。Banerjee（1992）[146]提出了一个连续的决策模型，每一个决策制定者都必须参考前一决策者的选择，从而产生羊群效应，并认为羊群效应是股价异常波动的原因之一。Andreas等（2006）[147]使用序贯资产交易模型，研究了在满足基本的信息结构下信息化的羊群行为。认为交易者倾向羊群行为的原因在于有足够数量的噪音、流动性以及他们拥有的信息。研究还显示羊群行为对价格有显著的效应，会导致价格剧烈的波动，认为金融市场上的羊群行为比想像的要普遍，并提出了在有效价格情况下羊群行为的新视角。De Long等(1990)[148]的DSSW模型分析了基于正反馈投资策略的交易操纵变化，文中将投资者分为正反馈交易者、理性投资者和消极投资者，其中的理性投机者是通过短期交易来获利的。将整个操纵过程分为四个阶段，在第一期买入，第二期卖空，第三期再赎回，使价格变得不稳定。Jarrow（1992）[149]研究了大的交易者能够操纵市场获利的条件。他认为，如果当前价格取决于操纵者如何进行买卖而不是其持有量，那么价格就存在惯性，操纵获利就是可能的，大交易者在没有信息优势的情况下也能够操纵市场，进行无风险套利。Allen 和 Gale（1992）[16]修正了 Glosten – Milgrom 模型，用一个三阶段模型分析了理性预期下的交易者操纵行为，将市场参与者分为一般投资者、知情交易者、操纵者，并将所有的市场参与者都视为追求个人利益最大化者。一般投资者资金量小、信息较少，其进入证券市场的目的是长期投资，他们是风险厌恶的，而且无法区分知情交易者和操纵者；知情交易者与操纵者都为大宗交易者，他们拥有雄厚的资金，收集信息成本小，是风险中性的，其中，知情交易者拥有比任何投资者多的关于投资股票的信息；而操纵者与一般投资者一样并没有关于股票的特别信息。Allen 和 Gale 采取了后向递归法，在没有买断和价格惯性的情况下，证明了当一般投资者将操纵者视为知情交易者时，不知情的操纵者仅仅通过简单的买卖股票就可以操纵股票获利。Al – len 和 Gorton（1993）[150]以信息不对称理论为基础，证明如果存在流动性交易者或者知情交易者买卖不对称，那么不知情交易者的操纵行为就存在获利的可能。Chakraborty 和 Yilmaz（1999）[151]建立了内幕交易者策略交易操纵模型，假定市场不能辨别动态交易者类型，即操纵者是否有消息，而跟风者可以通过模仿动态交易者的交易获利，跟风者的这种模仿行为为动态交易者操纵股价创造了条件。

由于我国的资本市场禁止做空交易，因此，我国关于交易操纵的理论研究主要是从"坐庄"的视角展开的。如:吴敬琏(2001)[12]、戴园晨(2001)[13]认为中国股市中股价异常波动的主要原因是机构"坐庄"操纵股票得行为。刘胜军(2001)分析了股价操纵的目的与方法,提出了对操纵进行监管的措施。文章基于定性分析具体说明了如何对股价操纵进行调查取证,对股价操纵的识别具有较强的实际指导意义。施东晖(2001)[152]将投资者交易行为对股价的影响分为两个方面:即"羊群行为"和反馈策略,对1999年第一季度至2000年第三季度的基金投资组合资料进行分析,认为:投资基金对于股票的买卖存在显著的"羊群行为"但并没有典型的反馈交易现象。"羊群行为"对股价的影响是通过数量上的超额需求实现的,当基金净卖出股票时将使这些股票的价格出现一定幅度的下跌;当基金净买入股票时则使这些股票在当季度出现大幅上涨并在下一季度出现微幅上涨。因此投资基金的交易活动在一定程度上加剧了某些股票的价格波动。史永东和蒋贤锋(2003)[153]引入动态交易成本,认为政府在防范股价操纵过程中起到了重要的作用并应起到更大的作用。因此,不仅要加强大户账户的监管,更要加强信息披露制度的建设和投资者的素质。他们的研究对政府防范股票市场操纵具有指导意义。关于庄家操纵的方式,学者们基本已达成共识,即:庄家先通过打压股价诱空吸筹和抬升股价造势诱使散户跟风追涨,然后抛售出货进行操纵获利。Mei、Wu和Zhou(2005)[154]以投资人的行为偏差为基础,将投机者可以卖空操作作为前提,构造了一个基于投资人行为的理论模型描述市场中的交易性股价操纵。他们将投资者分成股价操纵者、行为驱使交易者和投机者,并将行为驱使交易者和投机者都视为价格接受者。在价格拉升阶段,股价操纵者通过买进股票来抬高股价,原来持有股票的行为驱使交易者和投机者卖出股票,而原来没持有股票的行为驱使交易者买进股票。在这个过程中，交易操纵者只需要买进投机者的股票就能抬高价格。当股价上升到一定的程度后，股价操纵者开始抛售股票，股价开始下跌。在这个阶段，行为驱使交易者的处置效应行为偏好使得交易操纵者在股票价格未降到初始价格时就能卖完所持有的股票，以此获得价差利润。张屹山、方毅（2007）[155]修正了Delong的正反馈交易策略模型，以有限理性为前提，建立了行为主动庄家的交易操纵模型，得到了庄家操纵时的市场价格波动情况，即：一段时期内，庄家能够通过交易操纵来推动市场价格，不断激起市场情绪，拉升股价，使股价不断偏离其基本价值。班耀波、齐春宇（2003）[156]对国内外关于交易操纵者稳定市场的争论进行了综述，认为中国股市的无理性波动，并不是由于个人投资者引起的，而是在股市兴风作浪的庄家（大部分为交易操纵者）引起。机构资金的入市造成了市场的大起大落；券商作为主要的交易操纵者之一，违规操作加大了股市波动；基金坐庄，散户寻庄跟庄的博弈加剧个股和大盘的波动幅度。蔡庆丰、宋友勇（2010）[157]在我国基金业实现跨越式发展的市场背景下，讨论基金业发展对市场波动率的影响，实证研究表明：我国基金业的跨越式发展不仅没有促进市场的稳定和理性，反而加剧了基金重仓股的波动。作者指出，在我国要实现交易操纵者稳定资本市场、倡导价值投资和修正公司治理等方面的积极作用，还需要满足加强监管、培养投资者等市场条件。

综上所述，关于交易操纵的研究越来越引起了国内外学者的重视，涌现的这些大量的理论研究不仅为实证研究奠定了基础，也对监管层的反操纵具有指导意义。

2.2.2 交易操纵实证研究综述

Hillion和Suominen（2004）[158]观察到临近收盘时，巴黎证

券交易所经常出现主动的大笔交易，股票的波动性、平均回报率以及隐性委托单所占份额也会增加。他们认为，收盘价代理操纵模型可以解释这种现象，这个模型更加直接地证明了对收盘价的操纵；同时，集合竞价机制的引入使收盘价更接近公平的价格，有效的减少了操纵。Khwaj 和 Mian（2003）[159]利用巴基斯坦股市特有的日交易水平的数据，发现了经纪人操纵价格的证据，认为经纪人在交易中至少赚取了高达8%的回报。同时，证明了存在以交易为基础的“拉高出货”的交易操纵。Yadlin（1999）[160]认为，如果股价操纵具有信息含量，那么就能够促进弱势有效市场中信息的传播。Aggarwal 和 wu（2002）[161]对美国证券市场发生的股价操纵案进行了研究，通过引入持有成本将 Allen 和 Gale（1992）[16]的模型进行了扩展，建立了操纵者与知情交易者的混同均衡模型，并将交易者分为三类：内幕交易者、操纵者和消息搜寻交易者。研究指出，在未被操纵期间，和同样规模的同一市场的股票相比，被操纵的股票的换手率要更低些，而在操纵期间，被操纵股票的换手率则要高些，这种现象说明操纵增大了股票的交易量。他们实证分析的结果也表明：在操纵前、后，被操纵股票流动性较低，而在操纵期间却显示出较高的流动性，平均回报率和波动性也显著增加。Bill M. Cai、Charlie X. Cai、Kevin Keasey（2006）[162]认为股价操纵导致了大规模交易的产生和股市整体价格的变化。他们分析了价格发现过程中价格累计变化与交易规模和数量的关系，发现在操纵价格上升时期，累计股价变化与大规模交易强相关。Erie C. Chang、SenDong（2005）[163]使用了日本股市1975—2003年的日交易数据，分析了市场异常波动和行为以及基本面因素的关系。研究发现交易操纵者的“羊群行为”与异常波动有关，机构的“羊群行为”可以导致市场的高波动性和系统性风险。

Allen、Litov、Mei（2006）[164]提出了一个理性预期的理论模型，将投资者分为套利者、操纵者和无信息者三种。他们利用1963—1980年股价和交易量的数据集，检测了美国历史上股市操纵的价格和交易量模式，认为大股东拥有的市场力量使其能够操纵市场价格。但操纵使股价不能很好的反应股票价值，加剧了市场波动，削弱了市场的有效性，而且对其他资产的价格也产生了不良影响。随着操纵研究的深入，越来越多的学者在研究如何衡量、辨别股票是否被操纵。在对交易操纵实证研究的过程时，较为关键的问题是如何选择实证样本，已经有部分学者尝试采用logistic回归模型来判别股价是否被操纵。Carole C. 和 Tālis J. Putniņš（2007）[165]认为市场操纵的存在降低了市场的外部流动性，增加了交易成本，从而导致价格发现功能的低效。文中以实际操纵案例中的收盘价为样本，实证检验操纵对股票交易的影响。他们发现，操纵过程中，股票回报、交易活跃性以及问——询价差在每天结束前都显著增加，收盘价则在次日早晨回复正常水平。在这些研究的基础上，又用logistic回归构造了一个收盘价的操纵指数，来衡量收盘价操纵的可能性和操纵强度。除此之外，Hulisi、M. Mete和Ramazan（2009）[166]发现在检测股价是否被操纵的方法中，logistic更加适合，Hulisi、M. Mete和Ramazan（2009）[166]采用日均回报、日均交易量变动、日均波动作为解释变量，将数据分为被操纵股票组和参照股票组，利用人工神经网络和支持向量机来对比logistic回归与判别分析的结果，实证发现，相对于多元统计分析，logistic回归更适合于检测股价是否被操纵。

国内方面，张胜、陈金贤（2001）[167]以1999—2000年的深圳股票市场为样本，实施配对样本检验，分析了庄家、业绩、流通股规模、行业等四因素对股价超额振幅的影响。结果表明，只有庄家因素对股价超额振幅有显著效应。孙开连等（2002）以深圳股票市场2000年披露资产重组信息的40家上市公司作为研究对象，对样本公司不同时段大户持股集中度、股价及引起大户持股集中度变化原因进行了分析，验证了我国存在股市行动型股价操纵现象。何佳、何基报和刘胜军（2002）以深市全部A股上市公司为研究对象，对1999年至2000年5类重大事件的信息披露所引起股价的反应和换手率的变化情况进行分析检验，主要讨论了内幕交易与操纵的混合情形。他们得出中国股市可能存在比较严重的利用内幕消息操纵股价的现象，获得内幕信息的操纵者集中资金优势在信息披露前买入股票，在信息公告后抛售股票。刘元海、陈伟忠（2003）[168]对亿安科技股价操纵实例进行分析，发现，在股价操纵过程中，股东人数变化和股价变动之间会发生协同演化，即在蓄势阶段股东人数急剧减少但股价变动不大。在震荡盘升和上升阶段，股东人数进一步减少而股价显著增加；在下跌阶段，股东人数显著增加股价却大幅下跌。股价变动和股东人数的协同变化说明了中国股市对股价变动的影响因素中，市场操纵是至关重要的。李广众、王美今（2003）[169]选择至2002年7月为止以集中资金来操纵市场的处罚案例为研究对象，对收益率的均值与标准差进行了分析，说明，市场操纵期间，被操纵股票收益率均值、标准差基本上都高于历年同期；市场操纵期内收益率总和明显高于参照期间，证实了股价操纵是超常收益的主要来源。进一步说明了在严格弱式有效市场的假设下，市场操纵意味着市场失效。史永东和蒋贤锋（2003）[170]实证研究了我国股票市场上所有发生过操纵的股票，认为市场操纵的主体是交易操纵者，用SETAR模型较好地描述了被操纵股票在操纵期间的价格走势。黄长青、陈伟忠、杜少剑（2004）[171]对操纵特征和操纵效应进行了系统的实证研究，证实，在操纵期间，日平均超常成交量和日平均超常收益率显著放大，反映了股价异动。进一步，笔者可以从超常成交量和超常收益率的显著升高来判断某公司是否被操纵。张羽、李黎（2005）[172]对1999—2003年期间的封闭式投资基金交易行为进行实证研究，得出结论：①我国的投资基金存在显著的羊群行为，且卖出股票时更易产生“羊群行为”，但卖出的“羊群行为”却有利于股价趋向均衡价格，促进股价对新信息的吸收，买入“羊群行为”破坏股市长期稳定。②“羊群行为”对股价的影响主要是通过反馈交易策略实现的，投资基金在进行正反馈交易时，净卖出行为有利于加速股价对新信息的吸收过程，净买入行为破坏股市长期稳定。赵涛（2002）[173]、姚斌（2006）从机构和散户之间的信息不对称角度解释了中国股市的交易操纵行为。赵涛建立了交易操纵者与散户的投资博弈模型，用低流通市值股票的超额盈余率来反映信息不对称的程度以及交易操纵者的操纵程度，证实了市场中信息不对称的严重程度决定了股票是否被操纵。姚斌运用计量和数据挖掘技术进行了实证分析，结果表明，在信息不对称情况下，交易操纵者可以利用自己具有的各种优势来操纵股票进而获得超额利润，而且交易操纵者的平均操纵周期在7个月左右。

2.2.3 股票交易操纵研究述评

国内外关于交易操纵的理论研究从交易操纵存在背景、操纵方式、经济后果等方面进行了分析，得出了基本一致的结论：首先，在现实资本市场中，投资者非理性行为及相互之间的信息不对称等原因，导致交易操纵具有存在的可能性；其次，由于交易操纵者在资金和信息两方面具有优势，所以其有能力利用自己的优势来操纵股票，换言之，交易操纵者是交易操纵的主体；最后，交易操纵的主要手段是“低价吸纳后高价抛售”，交易操纵的终极目标是操纵者获取超额利润，交易操纵的直接后果是股票价格发生背离基本面的非理性变动。已有的实证研究也对上述理论结果进行了验证和补充，肯定了交易操纵的存在性及其方式、对股票价格的非理性影响，尤其对交易操纵的特征及其判别进行了较深入全面的研究，得出了很多有价值的研究结论。

已有研究虽然取得了丰硕的成果，但其局限也很明显：在理论研究方面，侧重于对交易操纵行为本身的研究，而忽视了对交易操纵的经济后果进行计量。由于交易操纵直接导致股票定价存在错误进而影响资本市场参与者财富分配，所以对由交易操纵引起的股票定价偏差进行分析和计量不仅有助于评估交易操纵对资本市场效率的影响，更有助于量化散户投资者在交易操纵中的损失，为证券监管部门制订相应的监管、处罚和赔偿制度提供理论依据。实证研究则大多是对某个或者某些操纵案例的研究，或者选取被证券监管部门查处的股票操纵案例为样本进行实证检验。而实际上，交易操纵伴随着资本市场产生而产生，是广泛存在于资本市场，对证券价格产生最直接、最普遍影响的市场非理性行为，被证券监管部门查处的案例仅仅是市场交易操纵案例中金额巨大、后果显著、影响恶劣的个案，并不能代表资本市场交易操纵的整体特征。在中国资本市场中，由于证券监管体系尚不健全，资本市场中交易操纵、庄家操纵频繁发生，其对象基本上覆盖了所有证券，交易操纵成为影响资本市场定价的主要因素之一，这种影响甚至可能超过了基本面因素的影响。显然，中国资本市场交易操纵远远不限于被证监会查处的案例，所以，现有交易操纵实证研究在样本选择方面的不足在中国资本市场表现得尤为突出。

因此，关于交易操纵的后续研究可以从两方面进行：理论研究方面，对交易操纵对股票价格的影响进行量化并分析交易操纵所导致的定价偏差的影响因子；实证研究方面，采用更科学合理的样本对理论研究进行实证检验。

2.3 交易操纵与会计信息价值相关性：本书的研究视角

通过对会计信息价值相关性国内外研究成果进行总结梳理，可以看出，不管是价格模型还是报酬模型，会计信息价值相关性研究范式均包含了一个基本假设——资本市场是有效的，至少是半强式有效的，股票市场能够正确解读所有公开的财务信息，股票价格公允地反映了财务信息的定价含义，充分反映了公司内涵价值，当股票价值无法准确计量时，股票价格（P）是股票价值最优的表征变量，价格无偏地反映了股票价值、股票收益（R）无偏地反映了价值波动。然而，现实资本市场并非理论所假设的那样有效，股票价格也并非假设的那样准确地反映了全部信息（包括会计信息）、准确地代表了公司内涵价值。股票价格往往受多种非理性因素的影响而偏离其内涵价值，导致价值相关性的基本假设存在偏误。在科学研究中，某个论点必须同时满足假设成立和逻辑正确这两个基本特征并得到逻辑和实证两方面的支持，必须言之成理，必须符合人们对世界的观察。因此，价值相关性研究范式从一开始就没有考虑市场有效性问题，“从源头上扼杀研究者可以发现市场尚未发现的某些信息的可能性”（Bernard，1995）。可见，现行的价值相关性研究范式武断地假设资本市场已经达到半强式有效市场状态，投资者能够完全地、无偏地理解会计信息的定价含义，股票价格可以及时地反映会计数据所包含的所有信息，这种假设与资本市场现实不相吻合。研究假设的偏误，从源头上破坏了价值相关性研究的效率，导致现行“以股票价格表征内涵价值”的研究模式存在将“资本市场非有效”和“会计信息无价值”混为一谈的偏误。

针对此不足，研究者提出了诸多修正方案以提高价格模型和收益模型的回归方程判定系数，这些修正方案大多是从资本市场对会计信息反应不足这一特征（比如在回归方程中加入延迟期变量），在一定程度上降低了市场噪音对会计信息价值相关性研究结论。然而，这些修正都假设资本市场非有效因素将随着时间的推移而得以缓解甚至消除、当前会计信息总是能在未来几年被市场正确消化。实际上，这种修正方式是否成立仍然是值得商榷的——随着价格噪音的累积，证券价格究竟在多大程度上反映了前期会计信息、如何分离证券价格中对前期会计信息的反映，都是该修正方式不可回避的重要问题。从本质上讲，上述修正是对有效市场假说的简单修补，并未真正触及市场非有效的核心和关键，也并未从根本上解决证券价格偏离内涵价值的问题，仅是有效市场假说的变换形式。在现实资本市场中，股票价格通常偏离其价值，这种偏离是由投资者交易行为与公司基本面不相关造成的。在这种情况下，股票价格与会计信息的关系可能发生嬗变，以股票价格为因变量对会计变量进行回归的研究方法就会因将会计信息无价值与股票市场非有效混为一谈而得出有偏误的结论。因此，笔者认为，会计信息价值相关性研究未来发展的方向应该是分离市场非有效对会计信息价值相关性的影响，探讨弱势有效市场中会计信息的价值相关性。

行为金融学的兴起和发展为分离资本市场非有效提供了理论基础和依据。行为金融学兴起于20世纪80年代，运用心理学研究成果，对股票市场上存在的主流经济理论所无法解释的异常现象进行解释。行为金融学以期望理论为基础，引入心理学和行为学关于投资者行为的研究成果，针对有效市场假说的三个假设分别提出了质疑：第一，由于人的知识、能力和获取信息理解信息等方面的局限性，在进行决策时，通常不能进行全面、准确的计算和评估，往往是基于启发式（Heuristic Algorithm）、认知偏差、思维捷径（Mental Shortcut）等而达到次优甚至是错误的决策结果。因此，投资者的行为初衷虽然是理性的，但受其自身条件与外部因素的影响，认知过程产生的偏差最终可能造成行为结果的非理性。第二，在不完全竞争的资本市场上，噪音交易者不仅可以获得更高的预期收益，而且还可以得到更高的预期效用，这样他们就可以长期存在于市场上；个体的非理性行为难以被市场识别并彻底纠正，导致市场的完全理性无法实现。第三，由于市场上缺乏完美的替代品、套利者面临噪音交易风险等因素，导致市场套利并非没有风险也并非没有成本，市场始终处于有限套利状态。对于上述三类质疑，行为金融学提出了投资者认知理论、噪音交易理论及有限套利理论，为研究现实搭建了理论框架，也为从资本市场弱式有效视角研究会计信息价值相关性问题提供了理论基础。Korthari（2001）[11] 曾经指出，未来对于会计信息的价值相关性研究，应该将行为金融学理论与现行研究相结合，并重新建立健全的假设—检验研究框架。

影响市场效率的因素很多，有体制机制因素、有投资者素质因素，但从价值相关性研究视角，要修正市场非有效因素的影响，必须选择对资本市场定价产生最直接影响的因素。显然，对个股价格影响最广泛、最普遍、最直接的因素是庄家对股票的交易操纵。交易操纵就是通过直接干预股价达到获取超额回报的目的，这种操纵表现为股票价格在没有任何基本面变动的支持下发生大幅度的涨跌，而散户的盲目模仿和跟风行为又客观上形成了利于交易操纵的市场氛围、放大了交易操纵对股票价格的影响，导致股价严重背离其内涵价值，从而扭曲了股票价格与以会计数据为代表的基本面信息之间的关系。因此，研究会计信息价值相关性问题，不能回避交易操纵对市场效率进而对价值相关性研究结论的影响，这也是本书研究的视角和出发点。为此，本书首先讨论交易操纵对股票价格的影响，并提出量化这种影响的方法；然后，提出在资本市场弱式有效（甚至无效）的前提下研究会计信息价值相关性的修正逻辑及修正方法并对此方法的优越性进行了实证检验。

2.4 小　　结

本章中，作者分别对会计信息价值相关性及资本市场交易操纵及其影响两方面对前人研究成果进行了综述。基于前人研究基础，提出了本书在资本市场未达到半强式有效状态的现实背景下，从交易操纵及其对股票价格的影响为切入点，重构会计信息价值相关性研究模型的研究视角。

会计信息价值相关性研究成果十分丰富，相关文献可谓汗牛充栋。作者以三类股票定价模型为理论基础，选择会计盈余及其构成、现金流及应计利润和剩余收益及账面净资产这三类变量，提纲挈领地对已有研究成果进行了综述和评论。已有研究的主要缺陷在于：武断地假设资本市场处于有效状态，从而完全忽视了资本市场非有效对于研究结论的影响，导致现行价值相关性研究混淆了“资本市场非有效”与“会计信息无价值”这两个概念。

交易操纵及其市场影响方面，作者从理论和实证研究两方面进行了系统综述，指出已有研究存在两方面不足，即：理论研究方面没有量化交易操纵的经济后果、实证研究方面存在样本选择不符合资本市场实际。

最后，基于本书的研究目的和研究视角，指出“在弱式有效资本市场进行价值相关性研究必须修正市场效率的影响”，并提出了本书的研究方向。

第 3 章

交易操纵对价值相关性影响：理论分析及实证检验

既然前人已经证明中国资本市场尚未达到半强式有效，那么以有效市场假说为前提的研究就必须修正资本市场无效对研究结论的影响。就会计信息价值相关性研究而言，如果股票价格不能公允、无偏地表征内涵价值，那么，股票价格就不能充分、恰当地反映会计变量所包含的定价信息。现行"以股票价格表征内涵价值"的研究模式就必然存在将"资本市场非有效"和"会计信息无价值"混为一谈的偏误。所以，Bernard（1995）[10] 指出，价值相关性研究范式从一开始就没有考虑市场有效性问题，从源头上扼杀了研究者可以发现市场尚未发现的某些信息的可能性。

本章分析交易操纵如何影响现行会计信息价值相关性研究。首先，介绍 DSSW 模型关于

"交易操纵导致股价偏离内涵价值"的研究结论，然后运用数学推导分析交易操纵对现行价值相关性研究模型的影响，指出现行价值相关性研究模型在模型判定系数和回归系数拟合值方面均存在低估的误差。最后，比较了"被操纵公司"和"未被操纵公司"在模型判定系数和回归系数拟合值方面的差异，证明了理论推导结论。

3.1 交易操纵对股票价格的影响：DSSW 理论

研究交易操纵的模型很多，最经典和最受广泛认可的当属 De Long、Shleifer、Summers 和 Waldmann 等（1990）[148] 建立的正反馈效应模型（简称 DSSW 模型）。DSSW 模型指出，当市场存在正反馈交易者时，理性交易者不仅不会成为稳定市场的力量，反而会成为股票价格的操纵者。他们利用正反馈交易者的作用，把证券价格推动到一个远离其内涵价值的水平。

为了揭示交易操纵期间股票价格的变化，DSSW 模型首先定义了正反馈交易者、操纵者和被动投资者在不同时期的股票需求函数，然后利用市场出清条件进行求解，推导各类投资者交易行为对股票价格的影响以及此期间内股价波动情况。结果发现：由于市场存在噪音，操纵者就能利用正反馈投资者的非理性行为获利并导致股票价格高于其内涵价值。正反馈效应越大，股价偏离股票内涵价值的程度越大。DSSW 模型形象地描述了非有效资本市场中的交易操纵过程：首先，操纵者通过自身引导性购买，引发股价上涨，形成市场看多氛围，价格背离其内涵价值；然后，跟风者观察到前期股价变化并受到市场环境的感染而采取正反馈交易策略，跟风者的交易导致股价继续上涨或维持在高位；操纵者在高位抛售股票，获取超额回报，最后，交易操纵完成，市场进行清算。在整个交易操纵的过程中，股票价格一直处于高于内涵价值的水平（见图3-1）。

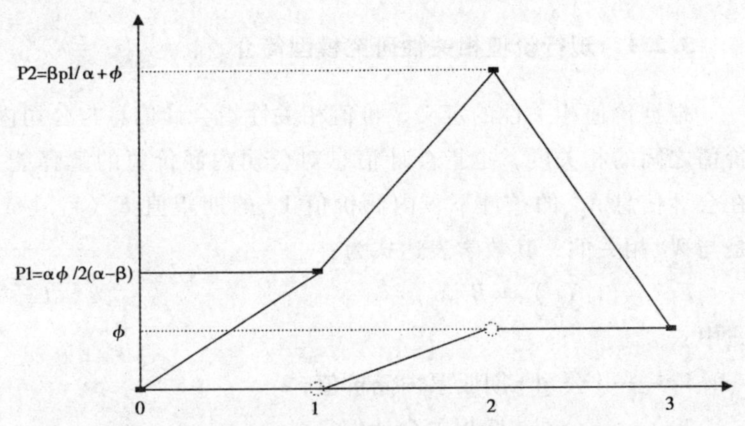

图3-1　交易操纵期间的股价偏离内涵价值图

图3-1中，横坐标表示操纵期，纵坐标表示股票价格和内涵价值；P为股票价格；α、β分别表示正反馈交易者和被动投资者需求曲线的斜率；Φ表示股票内涵价值。

通过图3-1可以看出，交易操纵直接导致股价偏离其内涵价值。那么，现行价值相关性研究“以股票价格作为股票内涵价值的替代变量”的基本假设就不能成立，导致其研究结论是否成立有待证明。3.2节运用回归方程最小二乘法的基本原理，推导交易操纵对现行价值相关性研究的影响。

3.2　现行价值相关性研究存在的偏差分析

根据DSSW理论，在非有效资本市场中，股票价格受到交易操纵的影响而偏离其内涵价值。此时，基于“股票价格等于股票内涵价值”的会计信息价值相关性研究就可能存在偏差。本节对此进行理论分析。

3.2.1 现行价值相关性研究模型简介

根据价值相关性的定义，价值相关性指会计信息与公司内涵价值之间的相关度，也指会计信息对公司内涵价值的解释能力。在会计信息 $X_{j,t}$ 的条件下，内涵价值 $V_{j,t}$ 的期望值 $E(V_{j,t} \mid X_{j,t})$ 是与 $X_{j,t}$ 相关的，其数学表达式为：

$$E(V_{j,t} \mid X_{j,t}) = B'_t X_{j,t} \tag{3-1}$$

式中：

$V_{j,t}$——j 公司 t 期股票内涵价值；

$X_{j,t}$——j 公司 t 期相关会计信息。

由于股票内涵价值是无法观察、难以准确计量的，因此必须找到某一个能精确代表内涵价值的替代变量。在有效资本市场假设下，由于投资者完全理性而且市场存在充分套利，所以股票价格总是无偏地体现了交易双方对内涵价值的估计，价格围绕内涵价值作短暂波动，不会发生长期偏离的现象。因此，在有效的资本市场中，股票价格能公允地代表内涵价值。即：

$$E(V_{j,t} \mid X_{j,t}) = E(P_{j,t} \mid X_{j,t}) \tag{3-2}$$

式中：

$P_{j,t}$——j 公司 t 期股票市价；

$X_{j,t}$——j 公司 t 期相关会计信息。

即：

$$E(V_{j,t} \mid X_{j,t}) = E(P_{j,t} \mid X_{j,t}) = B'_t X_{j,t} \tag{3-3}$$

因此，在有效资本市场假说前提下，形成了价值相关性研究的价格模型，这也是现行研究的通用模型之一。价格模型以会计信息为自变量、股票价格为因变量进行回归分析，以回归方程的系数估计值β和拟合优度判定系数R^2来衡量相关会计信息价值相关性的大小（见3－4）。

$$P_{j,t} = \alpha + \beta X_{j,t} + \varepsilon \qquad \varepsilon \sim N(0,\sigma^2) \qquad (3-4)$$

式中：

$P_{j,t}$——j公司t期股票市价；

$X_{j,t}$——j公司t期相关会计信息，如会计盈余、现金流等。

价格模型回归结果是否能够表征会计信息与公司内涵价值的相关度，依赖于资本市场是否有效，即式（3－2）是否成立。

但是，中国资本市场远未达到现行研究所假设的半强式有效[182－184]。由于信息披露机制不健全、投资者素质较低、政府监管不到位等原因，市场投机氛围浓厚，交易操纵者随意操纵股价，造成股票价格长期背离内涵价值。在这样的市场中，价格模型的回归分析结果（无论是系数估计值β还是拟合优度判定系数R^2）均大大低于其理论水平，也低于发达资本市场的同类研究。这就导致了资本市场对会计信息的忽略和批评，认为会计信息并未传达关于公司价值的有用信息。实际上，导致回归结果过低的原因可能是资本市场不能正确理解和运用该会计信息，而不是会计数据本身不具备信息含量。可见，在非有效资本市场中，价格模型的研究结果将“资本市场非有效”误读为“会计信息无价值”，低估了会计信息的价值相关性。因此，要正确评估会计信息价值相关性，必须从理论和实证两方面来证明市场非有效因素对会计信息价值相关性研究的影响。

3.2.2　现行研究模型系数估计值的偏差

为了论证交易操纵对现行价值相关性研究的影响，不妨将股票价格分为两部分：第一部分表示有效资本市场状态下股票价格的理论值（定义为“理性股价”）、第二部分则表示交易操纵对股票价格的影响（定义为“定价偏差”）。其中，“理性股价”（P^V）指基于资本资产定价理论和股票内涵价值模型，模拟有效资本市场的定价规则而得出的虚拟股票价格。“定价偏差”（$MP_{j,t}$）是指股票价格与理性价格之差，用以衡量股票价格受交易操纵的影响而偏离理性股价的程度。

根据定义，股票价格为理性股价与定价偏差之和。即：

$$P_{j,t} = P_{j,t}^V + MP_{j,t} \tag{3-5}$$

式中：

$P_{j,t}$——j 公司 t 期股票市价；

$P_{j,t}^V$——j 公司 t 期理性股价；

$MP_{j,t}$——j 公司 t 期股票定价偏差；

由于理性股价（P^V）表示有效资本市场状态下股票价格的理论值，这意味着在既定会计信息集下，P^V 是股票内涵价值（V）的表征变量，即：

$$E(P_{j,t}^V \mid X_{j,t}) = E(V_{j,t} \mid X_{j,t}) \tag{3-6}$$

$V_{j,t}$——j 公司 t 期股票内涵价值；

$X_{j,t}$——j 公司 t 期相关会计信息。

根据定义：

$$P_{j,t}^V = P_{j,t} - MP_{j,t} \tag{3-7}$$

$$\begin{aligned} \therefore E(P_{j,t}^V \mid X_{i,t}) &= E(P_{j,t} - MP_{j,t} \mid X_{j,t}) \\ &= P_{j,t} - E(MP_{j,t} \mid X_{j,t}) \end{aligned} \tag{3-8}$$

结合（3-1）式，（3-4）可以表述为：

$$\begin{aligned} E(P_{j,t}^V \mid X_{i,t}) = E(V_{j,t} \mid X_{j,t}) &= P_{j,t} - E(MP_{j,t} \mid X_{j,t}) \\ &= B_t{}'X_{j,t} \end{aligned} \tag{3-9}$$

上式中，当且仅当 $E(MP_{j,t} \mid X_{j,t}) = 0$（即资本市场有效）时，以现行价格模型（方程（3-3）来计量会计信息价值相关性才是有效的方法。否则，就存在因遗漏关键变量而导致的偏误（ommitted - variable bias）[49]。

根据最小二乘法的基本原理，方程（3－1）可以拟合出线性方程：

$$P = \alpha + \beta x \tag{3-10}$$

其中：

$$\alpha = \frac{1}{n}\sum_{i=1}^{n} P_i - \frac{1}{n}\beta\sum_{i=1}^{n} x_i = \bar{P} - \beta\bar{x} \tag{3-10-1}$$

$$\beta = \frac{\sum_{i=1}^{n}(x_i - \bar{x})(P_i - \bar{P})}{\sum_{i=1}^{n}(x_i - \bar{x})^2} \tag{3-10-2}$$

设回归残差为 δ_i，$\delta_i = P_i -（\alpha + \beta x_i）$；设其方差为 δ^2，根据方差的定义：

$$\delta^2 = \frac{\sum_{i=1}^{n}(P_i - \alpha - \beta x_i)^2}{n-2} = \frac{\sum_{i=1}^{n}\delta_i^2}{n-2}\ (n > 2) \tag{3-11}$$

设回归系数估计值 β 的随机误差为 δ_β，

$\because\ \beta = \beta(P_1, P_2, P_3, \ldots, P_n)$

设 $\beta = c_1P_1 + c_2P_2 + c_3P_3 + \ldots + c_nP_n$

其中：$c_1 = \frac{\partial\beta}{\partial P_1}, \cdots, c_n = \frac{\partial\beta}{\partial P_n}$

$$\therefore\ \delta_\beta^2 = D(\beta) = D(\sum_{i=1}^{n} c_iP_i) = \sum_{i=1}^{n} c_i^2 D(P_i) = \sum_{i=1}^{n} c_i^2\delta^2 \tag{3-12}$$

即：$$\delta_\beta = \sqrt{\sum_{i=1}^{n}\left(\frac{\partial\ \beta}{\partial\ P_i}\delta\right)^2} = \delta\sqrt{\sum_{i=1}^{n}\left(\frac{\partial\ \beta}{\partial\ P_i}\right)^2} \tag{3-13}$$

再结合（3－10－2），可得：$\frac{\partial \beta}{\partial P_1}=\frac{1}{\sum_{i=1}^{n}(x_i-\bar{x})^2}(x_1-\bar{x})$

$$\frac{\partial \beta}{\partial P_2}=\frac{1}{\sum_{i=1}^{n}(x_i-\bar{x})^2}(x_2-\bar{x})$$

……

$$\frac{\partial \beta}{\partial P_n}=\frac{1}{\sum_{i=1}^{n}(x_i-\bar{x})^2}(x_n-\bar{x})$$

将其代入（3－13）式，则系数估计β的标准差为：

$$\delta_\beta=\frac{\delta}{\sum_{i=1}^{n}(x_i-\bar{x})^2}\times\sqrt{\sum_{i=1}^{n}(x_i-\bar{x})^2}=\frac{\delta}{\sqrt{\sum_{i=1}^{n}(x_i-\bar{x})^2}} \tag{3-14}$$

现在看系数估计β的相对误差ε与相关系数r的关系，由（3－11）和（3－10－1）式：

$$\delta^2=\frac{1}{n-2}\sum_{i=1}^{n}(P_i-\alpha-\beta x_i)^2$$

$$=\frac{1}{n-2}\sum_{i=1}^{n}(P_i-(\bar{P}-\beta\bar{x})-\beta x_i)^2$$

进一步变形为：

$$\delta^2=\frac{1}{n-2}\sum_{i=1}^{n}[(P_i-\bar{P})-\beta(x_i-\bar{x})]^2$$

$$=\frac{1}{n-2}\sum_{i=1}^{n}[(P_i-\bar{P})^2-2\beta\sum_{i=1}^{n}(P_i-\bar{P})(x_i-\bar{x})+\beta^2\sum_{i=1}^{n}(x_i-\bar{x})^2] \tag{3-15}$$

由（3－10－2）可知：

$$\beta\sum_{i=1}^{n}(x_i-\bar{x})^2=\sum_{i=1}^{n}(x_i-\bar{x})(P_i-\bar{P}) \tag{3-16}$$

因此：

$$\sum_{i=1}^{n}\delta^2=\sum_{i=1}^{n}\left[\begin{array}{l}(P_i-\bar{P})^2-2\beta\sum_{i=1}^{n}(P_i-\bar{P})(x_i-\bar{x})\\+\beta\sum_{i=1}^{n}(x_i-\bar{x})(P_i-\bar{P})\end{array}\right]$$

$$=\sum_{i=1}^{n}(P_i-\bar{P})^2-\beta\sum_{i=1}^{n}(x_i-\bar{x})(P_i-\bar{P}) \tag{3-17}$$

将（3-10-2）代入：

$$\sum\delta_i^2=\sum_{i=1}^{n}\left[\begin{array}{l}(P_i-\bar{P})^2-\dfrac{\sum_{i=1}^{n}(x_i-\bar{x})(P_i-\bar{P})}{\sum_{i=1}^{n}(x_i-\bar{x})^2}\\\cdot\sum_{i=1}^{n}(x_i-\bar{x})(P_i-\bar{P})\end{array}\right]$$

$$=\sum_{i=1}^{n}(P_i-\bar{P})^2-\frac{\left(\sum_{i=1}^{n}(x_i-\bar{x})(P_i-\bar{P})\right)^2}{\sum_{i=1}^{n}(x_i-\bar{x})^2} \tag{3-18}$$

根据相关系数 r 的定义：

$$r=\frac{\sum_{i=1}^{n}(x_i-\bar{x})(P_i-\bar{P})}{\sqrt{\sum_{i=1}^{n}(x_i-\bar{x})^2}\sqrt{\sum_{i=1}^{n}(P_i-\bar{P})^2}} \tag{3-19}$$

$$r^2=\beta\times\frac{\sum_{i=1}^{n}(x_i-\bar{x})(P_i-\bar{P})}{\sum_{i=1}^{n}(P_i-\bar{P})^2} \tag{3-20}$$

即：

$$\beta \times \sum_{i=1}^{n}(x_i - \bar{x})(P_i - \bar{P}) = r^2 \cdot \sum_{i=1}^{n}(P_i - \bar{P})^2 \qquad (3-21)$$

将其代入（3－17）式，得：

$$\sum_{i=1}^{n}\delta_i^2 = \sum_{i=1}^{n}(P_i - \bar{P})^2 - r^2 \times \sum_{i=1}^{n}(P_i - \bar{P})^2$$
$$= (1 - r^2)\sum_{i=1}^{n}(P_i - \bar{P})^2 \qquad (3-22)$$

由（3－11）和（3－22）式，可得：

$$\delta = \sqrt{\frac{\sum_{i=1}^{n}\delta_i^2}{n-2}} = \sqrt{\frac{1-r^2}{n-2} \times \left(\sum_{i=1}^{n}(P_i - \bar{P})^2\right)} \qquad (3-23)$$

那么，β 的相对误差为：

$$\varepsilon = \frac{\delta_\beta}{\beta} = \frac{\delta}{\sqrt{\sum_{i=1}^{n}(x_i - \bar{x})^2}} \times \frac{\sum_{i=1}^{n}(x_i - \bar{x})^2}{\sum_{i=1}^{n}(x_i - \bar{x})(P_i - \bar{P})}$$
$$= \delta \times \frac{\sqrt{\sum_{i=1}^{n}(x_i - \bar{x})^2}}{\sum_{i=1}^{n}(x_i - \bar{x})(P_i - \bar{P})} \qquad (3-24)$$

将（3－23）式代入上式，得：

$$\varepsilon = \sqrt{\frac{1-r^2}{n-2} \times \sum_{i=1}^{n}(P_i - \bar{P})^2} \times \frac{\sqrt{\sum_{i=1}^{n}(x_i - \bar{x})^2}}{\sum_{i=1}^{n}(x_i - \bar{x})(P_i - \bar{P})}$$
$$= \frac{\sqrt{\frac{1-r^2}{n-2} \times \sum_{i=1}^{n}(x_i - \bar{x})^2 \sum_{i=1}^{n}(P_i - \bar{P})^2}}{\sum_{i=1}^{n}(x_i - \bar{x})(P_i - \bar{P})}$$

$$= \sqrt{\frac{1 - r^2}{n - 2} \times \frac{1}{r^2}} = \sqrt{\frac{1}{n - 2}} \times \sqrt{\frac{1}{r^2} - 1} \qquad (3-25)$$

上式可以说明，当 $r \to 1$ 时，$\varepsilon \to 0$，也即方程的回归残差 ε 越小，x 与 P 的关系越紧密，系数估计 β 就越好；方程的回归残差 ε 越大，x 与 P 的线性关系越差，系数估计 β 就越差。

在会计信息价值相关性研究中，因变量中包含了市场非理性因素引起的定价偏差，使得价值相关性研究模型回归残差增大，降低了其系数拟合值的拟合效果，从而低估了会计信息的价值相关性。

3.2.3　现行研究模型判定系数的偏差

运用最小二乘法进行回归，得到拟合的线性方程（3－10）后，为了衡量估计的回归方程是否很好地拟合了样本数据，就需要引用判定系数 R^2 进行判别。判定系数 R^2 是度量估计的回归方程拟合优度的指标，等于回归方程回归平方和与总平方和之比。即：

$$R^2 = \frac{SSR}{SST} = \frac{\sum (\hat{P}_i - \bar{P})^2}{\sum (P_i - \bar{P})^2} \qquad (3-26)$$

式中：

SSR——方程的回归平方和；

SST——方程的总平方和。

可见，判定系数 R^2 是总平方和中能被估计的回归方程解释的百分比，R^2 是介于 0 和 1 之间的数值。当回归方程有多个自变量时，判定系数的概念同样适用于多元线性回归，为多元判定系数。在一般情形下，多元判定系数 R^2 总是随着新的自变量不断进入模型而增加，为了避免高估新增自变量对多元判定系数 R^2

的影响，应该采用修正 R^2 （adj R^2） 来判别回归方程的拟合优度。修正多元判定系数的计算公式如下：

$$adjR^2 = 1 - (1 - R^2) \times \frac{n-1}{n-p-1} \tag{3-27}$$

式中：

n ——样本量个数；

p ——自变量个数。

因此，运用修正多元判定系数（adj R^2） 来比较多元线性回归方程的拟合优度是较科学的方法，多元判定系数（adj R^2） 越高说明拟合的回归方程越能描述因变量的变化。本书在比较不同的回归方程时，也采用修正多元判定系数（adj R^2） 指标进行判别。由于现行的价值相关性研究模型没有考虑投资者行为对股票价格的影响，遗漏了对因变量 P 有解释能力的关键变量，导致现行方程的拟合优度较低。而“定价偏差”变量反映并量化地体现了以交易操纵为代表的投资者行为对股票价格的非理性影响，起到了控制被遗漏的关键变量的作用。因此，在回归方程因变量中剔除定价偏差，有助于控制投资者行为导致市场失效因素的影响，提高方程的拟合优度判定系数 adj R^2。

3.3 现行价值相关性研究存在偏差的实证检验

理论推导的结果表明：由于交易操纵导致股票价格存在定价偏差，所以，股票价格不能公允、无偏地表示内涵价值。定价偏差导致现行价值相关性研究在系数拟合值和方程判定系数两方面均存在低估的偏差。本节以我国资本市场数据对理论推导的结果进行验证。

在评价模型优劣时，将会面临如何选择评价标准的问题。回归方程判定系数方面，回归方程判定系数的优劣具有明确的评判标准，即：判定系数越高，回归方程的拟合度越好，判定系数较高的回归方程是较优的方程。显然，通过比较修正的价值相关性模型和现行价值相关性模型判定系数的高低可以直观地判断其优劣，判定系数较高的模型能更加准确地评估会计信息的价值相关性。

然而，回归系数方面，却并不存在类似的评判标准。一般来讲，较高的回归系数表示会计变量的变化对股票价格产生了较大的影响，但是没有任何理论可以明确回归系数到底达到多少才算是最优值。这意味着我们虽然可以通过比较修正的价值相关性模型和现行价值相关性模型回归系数的大小来衡量会计信息对因变量的影响程度，但无法确知到底哪个模型的系数拟合值更优。为了解决这一问题，本书借鉴 Aboody[49] 提出的评价回归系数的办法。Aboody[49] 认为，既然股票价格（P）是内涵价值（V）的最优表征变量，那么股票价格与股票内涵价值理论上存在着完全相等的关系，如果以股票价格为因变量、内涵价值为自变量进行一元线性回归，那么自变量回归系数的拟合值应该等于 1。因此，1 就是以内涵价值为自变量的修正回归模型回归系数（回归方程 adj. M（Ⅵ）见第 4 章）的理论值和最优值。这就为我们评价回归系数的优劣提供了明确标准。只要将内涵价值带入修正的价值相关性模型和现行价值相关性模型，回归系数拟合值最接近于 1 的模型为较优模型，说明该模型在评价会计信息价值性方面越有用。从这个角度来看，adj. M（Ⅵ）具有两方面作用，既能用于评估内涵价值的价值相关性，也为评价修正的价值相关性模型优劣提供明确标准。本节以此标准衡量回归模型判定系数的优劣。

3.3.1 研究设计及样本选择

1. 回归方程及变量选择

虽然可供选择的会计变量很多，但由于本节的主要目的在于证明现行研究模型受到了交易操纵的影响而低估了会计信息的价值相关性，而并非要计算所有会计信息价值相关性的大小。所以，只要选择最具代表性的会计变量进行实证研究即可。

无疑，最具代表性的会计变量就是会计盈余。会计盈余是资本市场分析中最常用、最核心的指标，不管是复杂的估值模型还是简单的市盈率分析，投资者和分析师始终最为关注的会计变量就是会计盈余。会计盈余数据代表公司在一段时期的经营成果，表示该期间内股东权益的增减变化情况，也概括地反映了公司未股东创造价值的能力。可以说，会计盈余是所有会计变量的代表。正因为会计盈余变量具有如此重要的作用和核心地位，所以本小节的实证研究就以“会计盈余（Earnings）”为代表进行价值相关性分析。

回归模型方面，虽然最初的价值相关性研究以“会计盈余绝对值”作用自变量，但后来的研究逐渐接受了这样的观点：“市场仅对盈余惊奇作出相应反应”。相应的，价值相关性研究的自变量也改为“未预期会计盈余”。因此，以股票价格为因变量，以未预期盈余为自变量的回归模型成为会计盈余的价值相关性研究通用方程。另外，为了控制盈余惊奇的符号和“公司规模（Size）”变量对“盈余宣告后漂移”和“股价领先会计盈余”现象的影响，会计盈余的价值相关性研究模型演变为：

$$P_{i,t} = \alpha_0 + \alpha_1 \times UEPS_{i,t} + \alpha_1 \times DUEPS_{i,t} + \alpha_3 \times Size_{i,t} + \varepsilon \quad (3-28)$$

式中：

$P_{i,t}$——j 公司股票在第 t 期的股票价格；

$UEPS_{i,t}$——j 公司在第 t 期的未预期会计盈余：$UEPS_{i,t} = EPS_{i,t} - EPS_{i,t-1}$；

$DEPS_{i,t}$——虚拟变量，当 $UEPS_{i,t} < 0$ 时，$UDEPS_{i,t}$ 为 1，否则为 0。

$Size_{i,t}$——公司规模，取值为上市公司 i 在 t 期内的公司总资产的自然对数表示，即：

$Size_{i,t} = In(Assets_{i,t})$　$Assets_{i,t}$ 为上市公司 i 在第 t 期的资产总额。

同时，为了验证回归系数拟合值的优劣，还需要实证检验内涵价值 V 的价值相关性，比较哪个样本回归系数拟合值 β_1 更接近于理论值 1。回归方程为：

$$P_{j,t} = \beta_0 + \beta_1 \times V_{j,t} + \varepsilon \qquad (3-29)$$

式中：

$V_{j,t}$——j 公司在第 t 期的内涵价值。

2. 研究设计

实证研究的目的在于证明交易操纵对现行价值相关性研究的影响。本节对“股价未被操纵的公司”和“股价被操纵的公司”分别进行价值相关性模型回归，然后比较二者在回归系数拟合值和方程判定系数的差异。若“股价未被操纵的公司”回归系数拟合值和方程判定系数均高于“股价被操纵的公司”，则说明交易操纵导致会计盈余的价值相关性被低估。当然，为了提高实证结果的准确度，应该尽量控制其他因素对研究结论的影响。对此，笔者在样本选择过程中进行了如下筛选：

首先，通过整理证监会处罚公告，手工收集 2000—2009 年深市、沪市所有被查处的交易操纵案例公司组成“被操纵公司”

样本（“被操纵公司”样本及被操纵期间见表3-1）。被证监会处罚的这些样本公司，都具备相同的特征，即交易操纵案涉案金额巨大，对股票价格的影响强烈，在资本市场造成了恶劣影响。所以，在被操纵期间，这类样本公司的股票价格必定存在显著的定价偏差，股价相对其内涵价值产生了显著的偏离，这种偏离对现行价值相关性研究的影响也会十分显著，选择这类公司进行研究具有很强的代表性。

其次，逐一选择与“被操纵公司”同一行业且流通股规模相近的上市公司组成“未被操纵公司”样本，选择未被操纵公司与上述被操纵公司相同的会计期间数据。对样本公司进行上述选择主要起到如下作用：上市公司流通股规模通常决定着交易操纵者的操纵成本和操纵难度，所以选择相似规模性的公司可以控制上市公司流通股规模对交易操纵的影响；另外，行业差异也是进行比较分析必须注意的问题，不同行业的公司，资本市场对其会计盈余的预期不同，对会计盈余的反应强度各异。所以选择与被操纵公司处于相同行业的上市公司，就能较好地控制行业对研究结论的影响，提高比较分析的准确性。

最后，分别对两个样本进行会计信息的价值相关性回归，比较两个样本回归模型系数拟合值与判定系数。由于“被操纵公司”是被证监会处罚的操纵案例的标的公司，这些交易操纵案涉案金额巨大，对股票价格的影响强烈，在资本市场造成了恶劣影响。所以，在被操纵期间，这类样本公司的股票价格必定存在显著的定价偏差，股价相对其内涵价值产生了显著的偏离，这种偏离对现行价值相关性研究的影响也会十分显著。而“未被操纵公司”则是未受交易操纵或者受到交易操纵程度较轻的上市公司，虽然其股价也不能完全公允、无偏地反映公司内涵价值，但与“被操纵公司”相比，其定价偏差相对较小。尤其在控制了行业和流通股市值这两个因素的影响后，“被操纵公司”和“未被操纵公司”的差异基本可以视为交易操纵的影响。

通过上述分析可以看出，“被操纵公司”在被操纵期间股票价格存在显著的定价偏差，股价相对其内涵价值产生了显著的偏离；其与“未被操纵公司”的差异主要是由于交易操纵的影响。显然，“被操纵公司”的股价存在较大的定价偏差，根据前文的理论推导，定价偏差越大，股票价格越难以反映其内涵价值，股价与会计信息之间的相关性越低，现行价值相关性研究模型的系数拟合值越差、判定系数越小。相比之下，“未被操纵公司”的定价偏差较小，股价与会计信息之间的相关性较高，现行价值相关性研究模型的系数拟合值越接近理论水平、判定系数也较高。

为此，可以提出以下假设：

H_1：“未被操纵公司”回归系数拟合值优于“被操纵公司”；

H_2：“未被操纵公司”回归方程判定系数高于“被操纵公司”。

为了验证上述假设，本书采用比较研究的方法。即：分别对“被操纵公司”和“未被操纵公司”进行会计盈余价值相关性回归分析（方程3－28、3－29），然后比较两类样本公司在回归方程系数拟合值和判定系数，若“被操纵公司”回归方程系数拟合值和判定系数均低于“未被操纵公司”，则假设被证实，前文的理论推导也得以验证。

3. 样本选择

表3－1列示了2000—2009年深市、沪市所有被查处的交易操纵案例，即本节“被操纵公司”样本。通过阅读证监会处罚公告，可以发现，这些案例中交易操纵对股票价格的影响十分强烈，导致股价在短时期内发生成倍甚至几十倍的变化，这种股价变化没有任何基本面信息的支撑，完全是交易操纵的结果。

表 3－1　　　被查处的交易操纵案例

证券代码	公司名称	操纵期间	处罚公告
000008	深锦兴	1998. 10. 5－2001. 2. 5	证监罚字【2001】7 号
600796	钱江生化	1998. 12－2001. 3. 20	证监罚字【2001】31 号
600610	中国纺机	2006. 5. 16－2006. 6. 2 2006. 7. 12－2006. 7. 18	证监罚字【2007】29 号
600707	彩虹股份	2006. 1. 16	
600872	中炬高新	2006. 4. 12	
600622	嘉宝集团	2006. 1. 17－2006. 6. 19	证监罚字【2007】35 号
601001	大同煤业	2006. 6. 26	
600109	成都建设	2006. 11. 13	
000825	太钢不锈	2006. 8. 8－2007. 2. 6	证监罚字【2008】15 号
601003	柳钢股份	2007. 2. 27－2007. 3. 21	
000927	一汽夏利		
000800	一汽轿车	2007. 1. 1－2008. 5. 29	证监罚字【2008】42 号
000858	五粮液		
000002	万科 A		
000420	吉林化纤		
000416	健特生物	2007. 1. 8－2007. 1. 11	
000959	首钢股份		证监罚字【2008】44 号
000752	西藏发展	2007. 1. 1－2007. 4. 26	
000576	广东甘化		
002145	中核钛白	2008. 9. 10－2008. 9. 12	证监罚字【2009】13 号
600656	ST 源药	2008. 7. 3－2008. 7. 4	证监罚字【2009】15 号
600145	四维控股	2008. 1. 22－2008. 1. 23	证监罚字【2009】37 号
600192	长城电工	2007. 6. 8－2007. 6. 12	
000920	南方汇通	2007. 2. 16	
000657	中钨高新	2007. 3. 26	证监罚字【2009】43 号
000851	高鸿股份	2007. 5. 9	
600160	巨化股份	2007. 6. 19	

在选择配对的“未被操纵公司”样本时，主要遵守以下原则：

(1) 配对的样本公司与“被操纵公司”属于同一行业且流通股市值基本相当。

(2) 同一家公司不能同时出现在两个样本中。一旦某家公司在某个时段内被操纵，即使它在其余时间段内并未被证监会列为操纵期间，这家公司也不能作为“未被操纵公司”。例如：太钢不锈在 2006 年 8 月 8 日—2007 年 2 月 6 日被证监会确认为“被操纵”而其余时间并未被列为“被操纵”，但该公司在样本期间的其余时间段内将不能作为“未被操纵公司”构成配比样本。这样的选择主要是基于对交易操纵价格后果的持续性的考虑，由于交易操纵具有很强的隐蔽性，很难对其进行认定，而且股票价格变化时连续的时间序列，其价格惯性是不能不予以考虑的。

(3) 配对的样本公司当年未增发股票。这是为了避免增发、配股除权对股票价格的影响。

(4) 金融保险类上市公司。金融保险类上市公司与其他上市公司相比，其遵循的会计核算准则有较大差异，同时资本负债结构也有较大差异，不利于统一选取考察因素。

(5) 剔除研究数据不全的公司。本书的数据主要来源于国泰安研究服务中心提供的上市公司股票交易数据以及公布的财务报告中的相关数据，如果从这一数据库中无法获取相关数据，就将该上市公司从样本中予以剔除。

经过上述处理后，最终的样本为“被操纵公司”21 家、22 个被操纵样本，“未被操纵公司”150 家。

3.3.2　描述性统计

对主要变量进行描述性统计，有利于揭示许多有用的信息。

表3-2和表3-3分别列示了“被操纵公司”和“为被操纵公司”两个样本及相应会计变量描述性统计的结果。比较表3-2和表3-3可以看出，“被操纵公司”与“未被操纵公司”差异明显，主要表现在两方面：

表3-2　“被操纵公司”样本描述性统计结果

变量	UEPS	Size	V
N	22	22	22
Mean	0.350	5.45	2.72
Median	0.413	4.75	1.98
Variance	0.1623	6.77	1.95
Minimum	-1.6226	0.61	0.02
Maximum	1.7857	18.07	8.54

表3-3　“未被操纵公司”样本描述性统计结果

变量	UEPS	Size	V
N	150	150	150
Mean	0.243	9.29	2.84
Median	0.271	6.68	3.16
Variance	0.1095	7.29	1.73
Minimum	-0.4017	0.018	0.15
Maximum	0.7683	23.09	11.01

其一，“被操纵公司”未预期盈余惊奇（UEPS）相对较大：“被操纵公司”UEPS均值达0.0350而“未被操纵公司”UEPS均值为0.0243。由于绩差股的盈余可持续性较差，可能经常需要利用非正常项目进行盈余管理，导致投资者难以对其会计盈余数据进行预测。而交易操纵者具有信息优势，可以利用其专业团队优势，通过与上市公司的深度接触，获得内部信息，提前知晓上市公司的财务状况和盈利状况并利用其余散户投资者之间的信息不对称，进行交易操纵并获利。另外，较大的盈余惊奇通常隐藏

着上市公司的盈余管理行为，而上市公司进行盈余管理的主要动机在于规避退市条款、保住壳资源。在中国行政审批制和配额制主宰的资本市场中，壳资源的稀缺性导致绩差股往往面临债务重组、资产置换等机会，而这正是交易操纵者偏好和可兹利用的炒作题材。可以说，正是上市公司忽上忽下的会计数据和时好时坏的业绩指标为操纵者提供了机会和隐藏操纵行为的外衣。因此，操纵者偏好未预期盈余惊奇较大的上市公司也是顺理成章的。

其二，“被操纵公司”流通股市值小于“未被操纵公司”：“被操纵公司”流通股市值对数的均值仅为5.45，而“未被操纵公司”为9.29。这说明交易操纵者偏好规模较小的上市公司，即所谓的小盘股。这是由交易操纵的成本决定的。交易操纵能否成功，关键在与操纵者能否掌控股价的走势。显然，操纵者的资金占该股票市场资金总量的比重越大，操纵者越能掌控股价，其风险越小。对于小盘股而言，操纵者投入较少的资金、承担较低的风险就能获取较高的操纵收益，这也是操纵者偏好小盘股的主要原因。

3.3.3　实证结果及分析

对“被操纵公司”和“未被操纵公司”两个样本分别进行方程（3-28）回归分析。回归结果如下表所示：

表3-4　“被操纵公司”与“未被操纵公司”回归结果分析比较表

样本	回归系数拟合值			djR²	F统计量
	$UEPS_{i,t}$	$DUEPS_{i,t}$	*Size*		
“被操纵公司”样本	1.032 * (1.926)	0.025(1.531)	-0.97 * (-1.872)	0.11	25.39 ***

续表

样本	回归系数拟合值			djR²	F 统计量
	$UEPS_{i,t}$	$DUEPS_{i,t}$	*Size*		
"未被操纵公司"样本	2.252**(2.376)	0.046**(2.097)	−0.29(0.355)	0.32	33.17***
adjR² 变化				0.21	

注：①*表示10%水平下显著；**表示5%水平下显著；***表示1%水平下显著。②括号中的数据为t值。

回归分析结果可以看出，对"被操纵公司"而言，盈余惊奇（UEPS）对股票价格的回归系数值为1.032且在10%的水平下显著，表示盈余惊奇这一会计信息具有一定的价值相关性。然而，盈余惊奇的符号（DUEPS）对股票价格没有显著影响。流通股规模（Size）对股票价格的回归系数值为负值且在10%的水平下显著，表明在其他条件相同的情况下，小盘股的股价较高。

"未被操纵公司"的回归结果显示，盈余惊奇（UEPS）对股票价格的回归系数值为2.252且在5%的水平下显著，表示盈余惊奇这一会计信息对股票定价具有极强的影响作用。同时，盈余惊奇的符号（DUEPS）对股票价格的回归系数值为0.046且在5%的水平下显著，说明资本市场对盈余惊奇的符号产生了同向的反应。盈余惊奇为正数，即当公司的会计盈余高于市场预期时，股票价格较高。与"被操纵公司"不同的是，流通股规模（Size）对"未被操纵公司"的股票价格没有显著影响，说明流通股规模不是"未被操纵公司"股票定价的关键因素。

为了比较回归系数拟合值的大小，对对"被操纵公司"和

“未被操纵公司”两个样本分别进行方程（3－29）回归分析。回归结果如表 3－5 所示。

表 3－5　　内涵价值回归结果比较表

样本	回归系数拟合值	adjR^2	F 统计值
	V		
“被操纵公司”样本	18.08*** （4.939）	0.09	32.821***
“未被操纵公司”样本	7.24*** （5.187）	0.22	67.094***
adjR^2 变化值	0.19		

由于内涵价值 V 与股票价格 P 的回归系数 β_1 的理论值是 1，回归系数拟合值越接近于 1，表明该样本中会计信息与股票价格的相关度越高。表 3－7 列示的回归结果表示“未被操纵公司”样本系数拟合值更接近 1，优于“被操纵公司”样本，说明交易操纵降低了股票价格与会计信息的相关度。

总之，对“被操纵公司”和“未被操纵公司”的回归结果进行比较，可以得出有意义的结果：

首先，**H_1：“未被操纵公司”回归系数拟合值优于“被操纵公司”**。在对内涵价值进行的相关性回归中，“未被操纵公司”回归系数显著高于“被操纵公司”。二者虽然均在 1% 水平下显著，但“未被操纵公司”回归系数为 7.24，而“被操纵公司”回归系数为 18.08，前者更接近于理论值。就显著性而言，回归方程 3－28 中，“被操纵公司”盈余惊奇的回归系数在 10% 的水平下显著，而“未被操纵公司”回归系数拟合值在 5% 的水平下显著，进一步说明“未被操纵公司”会计信息对股票价格的解释能力高于“被操纵公司”。

由于两个样本公司在所处行业和流通股规模方面基本相当，

造成二者差异的主要原因仅仅是交易操纵的影响，所以，“被操纵公司”和“未被操纵公司”在回归系数拟合值和显著性水平上的差异表明：交易操纵导致股票价格偏离其内涵价值并进而导致股票价格与会计信息的相关度较低。在这样的情况下，如果进行会计信息价值相关性评估时不考虑交易操纵的影响，必然混淆了“资本市场无效”与“会计信息无价值”低估了会计信息价值相关性。

其次，**H_2：“被操纵公司”回归方程判定系数低于“未被操纵公司”得以证实**。“被操纵公司”回归方程判定系数为0.09，而“未被操纵公司”回归方程判定系数为0.22。回归方程判定系数意味着拟合的回归方程能在多大程度上描述股票价格的变化。判定系数说明会计信息对股票价格的解释度越高。显然，“未被操纵公司”的会计信息比“被操纵公司”的会计信息对股价的解释能力高。

如前文所述，由于两类样本公司在所处行业和流通股规模方面基本相当，造成二者差异的主要原因仅仅是交易操纵的影响，所以，“被操纵公司”和“未被操纵公司”在方程判定系数上的差异表明交易操纵降低了会计信息对股票价格的解释度并因而降低了现行价值相关性回归模型的估计结果。然而，根据价值相关性的定义：会计信息的价值相关性是指会计信息对股票内涵价值的解释度，而不是对股票价格的解释度。当且仅当股票价格能公允地反映其内涵价值时，会计信息对股票价格的解释度才等同于会计信息对内涵价值的解释度。如果公司股价被人为操纵，那么股价就包含了交易操纵和会计信息的双重影响，只有将二者分离开来，才能更准确地评价会计信息价值相关性。

总之，“被操纵公司”和“未被操纵公司”无论在回归方程的系数拟合值还是回归方程判定系数上均产生了较大差异：未被操纵的样本公司，回归方程的系数拟合值更接近于理论值而判定系数显著大于被操纵样本公司。由于本书控制了行业因素和流通股规模对回归结果的影响，所以两类样本公司的主要差异仅仅是“是否被交易操纵”。对两类样本公司的比较，直截了当地揭示了交易操纵对现行价值相关性研究结论的影响。实证数据验证了理论推导的结果，即：由于交易操纵引起股票价格偏离其内涵价值，导致现行的以有效资本市场为基本假设的会计信息价值相关性研究在回归方程的系数拟合值和回归方程判定系数上存在低估的偏差，从而将“会计信息无用”与“资本市场无效”相混淆，低估了会计信息的价值相关性。

3.4 小结

本章从理论和实证两方面分析交易操纵对现行会计信息价值相关性研究存在的影响。

首先进行理论分析：运用最小二乘法的基本原理进行数学推导，分析了交易操纵导致股票价格存在定价偏差从而对现行价值相关性研究模型的影响。数学推导的结果表明：由于现行价值相关性研究模型的因变量中包含了市场非理性因素引起的定价偏差，降低了其系数拟合值的拟合效果，从而低估了会计信息的价值相关性。同时，由于现行的价值相关性研究模型没有考虑投资者行为对股票价格的影响，导致现行回归模型遗漏了关键变量，使得现行方程的拟合优度低于其应有水平，从而低估了会计信息的价值相关性。总之，数学推导结果表明，由于交易操纵导致股票价格偏离其内涵价值，所以现行价值相关性研究模型在模型判定系数和回归系数拟合值方面均存在低估的误差。据此，提出基本假设：H_1："未被操纵公司"回归系数拟合值优于"被操纵公司"；H_2："未被操纵公司"回归方程判定系数高于"被操纵公司"。

继而，采用比较分析法对上述基本假设进行实证检验。通过整理证监会处罚公告，手工收集2000—2009年深市、沪市所有被查处的交易操纵案例组成"被操纵公司"样本，而与"被操纵公司"行业相同且流通股规模相近的上市公司组成"未被操纵公司"样本，分别对两个样本进行会计信息的价值相关性回归，比较两个样本的回归系数拟合值与模型判定系数。结果发现，"未被操纵公司"回归方程的系数拟合值更接近于理论值，而且判定系数显著高于"被操纵公司"。由于选择样本时已经控制了行业因素和流通股规模对回归结果的影响，所以两类样本公司的主要差异仅在于"是否被交易操纵"。对两类样本公司的比较，可以直截了当地揭示交易操纵对现行价值相关性研究结论的影响。所以，H_1和H_2均被证实。

无论是理论推导还是实证检验，都可以得出以下结论：由于交易操纵引起股票价格偏离其内涵价值，导致现行的以有效资本市场为基本假设的会计信息价值相关性研究将"会计信息无用"与"资本市场无效"相混淆，在回归方程的系数拟合值和回归方程判定系数上存在低估的偏差，低估了会计信息的价值相关性。

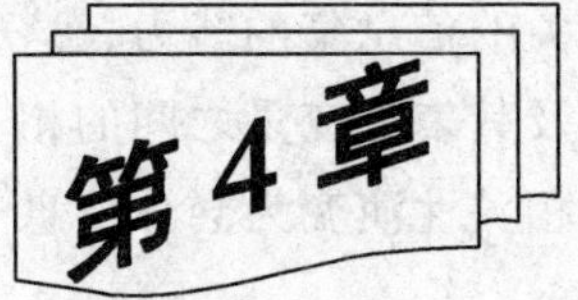

修正的价值相关性模型构建及实证运用

第 3 章从理论和实证两方面证明了现行价值相关性研究存在低估会计信息价值相关性的偏差。本章提出了修正的价值相关性研究模型并运用该修正模型对我国资本市场中会计信息的价值相关性进行实证分析。通过比较现行模型和该修正模型在回归系数拟合值和方程的判定系数上的差异，验证修正的价值相关性研究模型在评估会计信息价值相关性方面的优势。运用该修正模型对评估会计信息价值相关性并得出结论。

4.1　修正的价值相关性研究模型构建

前已述及，会计信息价值相关性是指会计

信息概括地反映或传达与股票内涵价值相关的信息集的能力，这种能力的衡量方式是会计信息与公司价值及其表征变量之间的相关度，在有效市场假设理论框架内，价值相关性演变为会计信息与股票价格之间的相关度。

现行的会计信息价值相关性研究模型主要包括价格模型和收益模型，其中，价格模型是价值相关性研究中广泛运用的研究范式之一。价格模型将股票价格与所研究的会计数据进行回归，以回归方程判定系数或系数拟合值表示该会计数据的价值相关性。

价格模型的表达式为：

$$P_{j,t} = \alpha + \beta X_{j,t} + \varepsilon \qquad \varepsilon \sim N(0,\sigma^2) \tag{4-1}$$

式中：

$P_{j,t}$——j公司t期股票市价；

$X_{j,t}$——j公司t期相关会计信息，如会计盈余、现金流等。

价格模型的假设基础是资本市场有效：在有效资本市场假设框架内，当资本市场处于半强式有效状态时，股票价格充分地、公允地反映了所有与公司价值有关的信息（包括会计信息），综合地体现了资本市场所有理性投资者对于股票价值的预期，所以股票价格是公司内涵价值的最优估计和无偏代理，股票价格与会计变量的关系无偏地表征了会计信息反映或传达与股票内涵价值相关的信息集的能力。价格模型的研究逻辑如图4-1所示：

可以看出，价格模型赖以成立的基础是资本市场有效（至少是半强式有效），股票价格等同于内涵价值，不考虑市场非有效导致价格偏离内涵价值的可能。然而，资本市场的实际证明，这种假设是武断且不符合实际的，这种过于理想化的假设并不成立。资本市场并非假设的那样对公开的会计信息作出完全且无偏

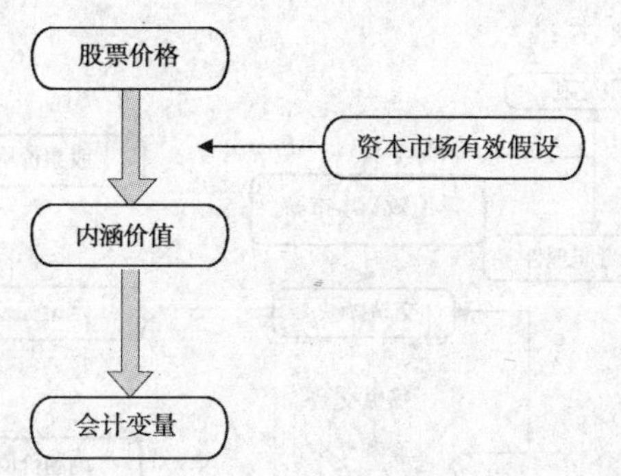

图 4－1　现行价值相关性研究模型逻辑图

的反应，而是因多种非理性因素的影响并未达到有效状态，股票价格就不仅反映了股票内涵价值，还反映了基于非理性因素的价格噪音，即定价偏差。由于定价偏差与基本面信息无关，所以定价偏差的存在扭曲了会计信息与股票价格的关系，掩盖了会计信息真实的价值相关性。因此，当资本市场尚未达到半强式有效时，现行价值相关性研究逻辑存在一定的偏误。为了准确衡量会计信息价值相关性，评估会计信息在资本市场所发挥的作用，必须消除定价偏差对研究结论的影响。本书正是基于这样的目的，将现行研究范式进行了修正，即：从交易操纵导致股票定价偏差为切入点，对资本市场中操纵性交易行为、套利行为和跟风行为及其对定价偏差的影响进行分析，在交易操纵导致资本市场非有效的背景下，通过量化交易操纵导致的定价偏差，将股票价格还原为有效市场状态下的虚拟价格——理性股价，然后以该理性股价为因变量、会计数据为自变量，执行价格模型回归。由于理性股价剔除了基于交易操纵的价格噪音，所以更能体现会计数据与股票内涵价值的关系，因此修正的研究模型在方程判定系数和系数拟合值方面优于现行模型。修正的价值相关性研究模型研究逻辑如图 4 – 2 所示：

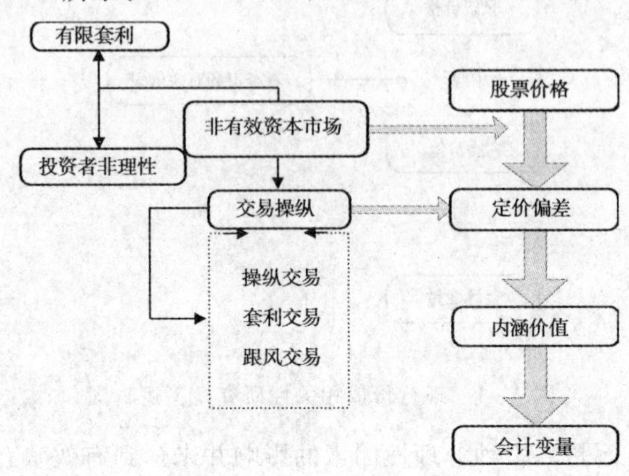

图 4 – 2　修正的价值相关性研究模型逻辑图

从图 4 – 2 可以看出，修正的价值相关性研究模型包括以下步骤：第一，分析决定资本市场弱式有效状态的根源在于投资者非理性与资本市场有限套利；第二，在资本市场弱式有效甚至无效的背景下，分析交易操纵存在的必然性及其经济后果；第三，为计量交易操纵的经济后果，将市场参与方分为操纵者、套利者和跟风者，将其对定价偏差的影响度分别定义为操纵强度、套利强度和跟风系数，量化了基于交易操纵的定价偏差水平值；第四，从股票市价中剥离定价偏差，将股票价格转换为理性股价后执行价格模型回归，以回归方程判定系数和系数拟合值来衡量会计信息的价值相关性。

修正的研究逻辑与现行研究逻辑的根本区别在于其肯定了资本市场处于弱式有效甚至无效状态这一现实并从交易操纵视角细致地刻画了弱式有效资本市场中“股票价格→内涵价值”的转换过程。修正方法通过剔除股价中基于交易操纵的定价偏差，将现实资本市场股票价格转换为虚拟有效市场中的理性股价，以该理性股价取代股票价格来表征内涵价值，修正了资本市场效率因素对现行价格模型的影响，有利于揭示被交易操纵定价偏差所掩盖的会计信息价值相关性。

1. 修正的价值相关性研究模型表达式

在非有效资本市场中，由于交易操纵导致股票价格（$P_{j,t}$）偏离内涵价值（$V_{j,t}$），因此内涵价值（$V_{j,t}$）的最优表征变量由股票价格（$P_{j,t}$）转换为理性股价（$P_{j,t}^{V}$），内涵价值（$V_{j,t}$）与会计数据（$X_{j,t}$）的相关性也就转换为理性股价（$P_{j,t}^{V}$）与会计数据（$X_{j,t}$）的相关性。为了克服现行价值相关性研究价格模型（见式（4-1））的不足，修正股票市场非有效因素对会计信息价值相关性的影响，本书以理性股价为因变量，构建了修正的价值相关性研究模型：

$$P_{j,t}^{V} = \alpha + \beta X_{j,t} + \varepsilon \qquad \varepsilon \sim N(0,\sigma^{2}) \tag{4-2}$$

式中：

$P_{j,t}^{V}$——j公司t期理性股价；

$P_{j,t}$——j公司t期股票市价；

$X_{j,t}$——j公司t期相关会计信息。

（4-2）式简洁地表述了修正价值相关性研究模型（Adjusted Model of Value Relevance）的通用形式，以adj. M表示。与现行价值相关性研究模型相比，修正价值相关性研究模型主要是以理性股价$P_{j,t}^{V}$取代股票市价$P_{j,t}$来作为回归方程的因变量。所谓理性股价，是在有效资本市场假说框架下，模拟有效资本市场环境，基于资本资产定价模型和股票内涵价值理论，同时考虑市场系统风险变动所虚拟的股票价格。本书采用两步骤计算理性股价：首先，根据剩余收益估值模型（Residual Income Model）计算股票的内涵价值（Value）；然后利用资本资产定价模型（CAPM）将内涵价值转换为考虑了市场风险和公司特有风险

(β) 的理性股价。

在实际运用中，(4-2) 式的 $X_{j,t}$ 可以表示研究者关注的任何会计变量，可以是资产负债表项目，也可以是现金流量表和利润表项目，甚至可以是报表附注。每一类会计变量的价值相关性研究都具有其独特的经济意义。为了全方位地证明 adj. M 在精确评估会计信息价值相关性方面的优势，笔者对现行最具代表性的四类变量进行了研究（见文献综述 2.1.2 至 2.1.4），这四类变量分别是：会计盈余及其构成项目的价值相关性、经营现金流及应计利润的价值相关性、账面净资产及剩余收益、内涵价值。选择这四类变量的主要原因如下：

首先，会计盈余及其构成项目的价值相关性、经营现金流及应计利润的价值相关性、账面净资产及剩余收益这三类变量分别为会计盈余折现模型、现金流折现模型和剩余收益估价模型关键变量，而三个估值模型不仅反映了基于会计信息的估值理论的发展历程，三者虽然代表了不同的估值理论，但都获得了广泛的认可而且在实务界和理论界应用极为广泛。

会计盈余及其构成项目的价值相关性研究，从盈余公告的信息含量研究、盈余反应系数及其影响因素研究、盈余构成项目的信息含量研究这三方面展开，而会计盈余构成项目的分类主要包括可持续盈余（Permanent Earnings）和暂时性盈余（Transitory Earnings）、现金流和应计利润。关于会计盈余价值相关性的研究主要有以下结论：①会计盈余具有价值相关性，但盈余反应系数远低于理论水平；②会计盈余构成项目的价值相关性不存在显著差距，证券市场存在明显的“功能锁定”。

经营现金流及应计利润的价值相关性研究，体现了会计理论界从“以利润表为中心”向“以资产负债表为中心”的转移，也体现了收付实现制对权责发生制的补充说明，更是研究盈余管理的有效手段。会计盈余与现金流量价值相关性的强弱直接涉及到以权责发生制为基础范式的现有会计体系是否具有存续的必要，所以也是会计理论界十分关注的问题之一。研究结果表明，现金流及应计利润这两个会计变量的价值相关性孰高孰低是由检验期的长短、会计盈余的构成比例和投资者理性程度等因素共同决定。

账面净资产与剩余收益的会计信息价值相关性研究，其理论基础是 Ohlson（1995）[48] 和 Feltham、Ohlson（1995）[49] 提出了剩余收益估值模型（Residual Income Valuation Model），该模型首次用简单的线性函数将股票估值与会计信息的关系做了清晰的描述，将股票价值表述为股权账面价值和剩余收益的贴现值之和，成为价值评估领域新的里程碑，也开创了会计信息价值相关性研究新的篇章。基于 F－O 模型的价值相关性研究表明：账面净资产与剩余收益这两个会计变量均具有显著的价值相关性。

其次，内涵价值变量的价值相关性研究，主要在于通过考察内涵价值与股票价格的关系，检验资本市场是否有效。若内涵价值与股票价格的回归方程系数拟合值等于或接近其理论值 1，表明资本市场价格能无偏地体现股票内涵价值，资本市场有效；反之，若内涵价值与股票价格的回归方程系数拟合值与理论值 1 相差较大，则表明资本市场价格不能无偏地体现股票内涵价值，资本市场无效。

因此选择会计盈余及其构成项目的价值相关性、经营现金流及应计利润的价值相关性、账面净资产及剩余收益、内涵价值这四类变量进行实证检验，基本囊括了会计信息价值相关性研究的主要方面。

这样，修正价值相关性研究模型（4－2）就表述为以下六个回归方程，为方便起见，为每一个回归方程进行了编号：

adj. M（Ⅰ）： $P_{j,t}^{V}=\alpha_0+\alpha_1 E_{j,t}+\varepsilon$ （4-2-1）

adj. M（Ⅱ）： $P_{j,t}^{V}=\alpha_0+\alpha_2 PE_{j,t}+\alpha_3 TE_{j,t}+\varepsilon$ （4-2-2）

adj. M（Ⅲ）： $P_{j,t}^{V}=\gamma_0+\gamma_1 ACC_{j,t}+\gamma_2 CFO_{j,t}+\varepsilon$ （4-2-3）

adj. M（Ⅳ）： $P_{j,t}^{V}=\beta_0+\beta_1 BV_{j,t}+\beta_2 RI_{j,t}+\varepsilon$ （4-2-4）

adj. M（Ⅴ）： $P_{j,t}^{V}=\beta_0+\beta_3 BV_{j,t}+\varepsilon$ （4-2-5）

adj. M（Ⅵ）： $P_{j,t}^{V}=\eta_0+\eta_1 V_{j,t}+\varepsilon$ （4-2-6）

式中：

$P_{j,t}^{V}$——j 公司 t 期理性股价，

$E_{j,t}$——j 公司 t 期会计利润总额；

$PE_{j,t}$——j 公司 t 期营业利润总额；

$TE_{j,t}$——j 公司 t 期营业外收支净额；

$Acc_{j,t}$——j 公司 t 期应计利润；

$CFO_{j,t}$——j 公司 t 期经营现金流；

$RI_{j,t}$——j 公司 t 期剩余收益；

$BV_{j,t}$——j 公司 t 期账面净资产；

$V_{j,t}$——j 公司 t 期股票内涵价值。

上述六个回归方程中，adj. M（Ⅰ）和 adj. M（Ⅱ）研究了会计盈余及其构成项目的价值相关性；adj. M（Ⅲ）研究了现金流及应计利润的价值相关性；adj. M（Ⅳ）和 adj. M（Ⅴ）研究了剩余收益估价模型和账面净资产的价值相关性；adj. M（Ⅵ）研究了内涵价值的价值相关性。

4.2 修正的价值相关性研究模型实证运用

笔者将用我国资本市场数据对上述修正的价值相关性研究模

型在揭示会计信息价值相关性方面的作用。为了突出 adj. M 的优越性，将修正的价值相关性研究模型与现行价值相关性模型进行配对比较。

4.2.1　研究设计

根据前文的分析，修正的价值相关性模型应在回归系数拟合值和方程判定系数两方面优于现行价值相关性模型。所以，本章的实证研究采用比较分析法进行检验。即：对同一样本分别采用修正的价值相关性模型和现行价值相关性模型进行实证回归，然后比较两种模型的回归结果，评价两种价值相关性模型的优劣。

在评价模型优劣时，将会面临“怎样的回归结果才是较优结果”的问题，也就是评价标准选择问题。在此详细讨论：回归方程判定系数方面，回归方程判定系数的优劣具有明确的评判标准，即：判定系数越高，回归方程的拟合度越好，判定系数较高的回归方程是较优的方程。这是由判定系数的性质决定的。判定系数 R^2 是总平方和中能被估计的回归方程解释的百分比，判定系数的理论最优值为 1，判定系数越高、越接近于 1，说明拟合的回归方程越能描述因变量的变化。显然，通过比较修正的价值相关性模型和现行价值相关性模型判定系数的高低可以直观地判断其优劣，判定系数较高的模型能更加准确地评估会计信息的价值相关性。

然而，回归系数方面，却并不存在类似的评判标准。一般来讲，较高的回归系数表示会计变量的变化对股票价格产生了较大的影响，但是没有任何理论可以明确回归系数到底达到多少才算是最优值。这意味着我们虽然可以通过比较修正的价值相关性模型和现行价值相关性模型回归系数的大小来选择二者孰优孰劣，但我们无法确知修正的价值相关性模型到底有多好。为了解决这一问题，本书借鉴 Aboody[49] 提出的评价回归系数的办法。Aboody[49] 认为，既然股票价格（P）是内涵价值（V）的最优表征变量，那么股票价格与股票内涵价值理论上存在着完全相等的关系，如果以股票价格为因变量、内涵价值为自变量进行一元线性回归，那么自变量回归系数的拟合值应该等于1。因此，1就是以内涵价值为自变量的修正回归模型回归系数（adj. M（Ⅵ））的理论值和最优值。这就为我们评价回归系数的优劣提供了明确标准。只要将内涵价值带入修正的价值相关性模型和现行价值相关性模型，回归系数拟合值最接近于1的模型为较优模型，说明该模型在评价会计信息价值性方面越有用。从这个角度来看，adj. M（Ⅵ）具有两方面作用，既能用于评估内涵价值的价值相关性，也为评价修正的价值相关性模型优劣提供明确标准。

明确了比较方法和评价标准后，笔者将会计信息价值相关性研究模型与修正的价值相关性研究模型进行配对比较。实证研究步骤如下：

首先，计算样本公司的理性股价。

其次，以理性股价为因变量，运用修正模型（adj. M（Ⅰ）—adj. M（Ⅵ））进行回归分析。

再次，运用相应的现行研究模型进行回归分析。

最后，将修正模型与现行模型进行一一配比，比较两类研究模型在系数拟合值和模型判定系数两方面的差异。总结实证结果，得出结论。

4.2.2 回归方程及样本选择

根据上述研究方案，本节的实证研究模型分为修正价值相关性研究模型和现行价值相关性研究模型。研究模型如表4-1所示：

表 4－1　　回归方程表

回归方程编号	回归方程表达式	会计变量类型
adj. M（Ⅰ）	$P^{V}_{j,t} = \alpha_0 + \alpha_1 E_{j,t} + \varepsilon$	会计盈余
M（Ⅰ）	$P_{j,t} = \alpha'_0 + \alpha_1' E_{j,t} + \varepsilon$	
adj. M（Ⅱ）	$P^{V}_{j,t} = \alpha_0 + \alpha_2 PE_{j,t} + \alpha_3 TE_{j,t} + \varepsilon$	会计盈余构成项目
M（Ⅱ）	$P_{j,t} = \alpha'_0 + \alpha_2' PE_{j,t} + \alpha_3' TE_{j,t} + \varepsilon$	
adj. M（Ⅲ）	$P^{V}_{j,t} = \gamma_0 + \gamma_1 ACC_{j,t} + \gamma_2 CFO_{j,t} + \varepsilon$	现金流与应计利润
M（Ⅲ）	$P_{j,t} = \gamma_0' + \gamma_1' ACC_{j,t} + \gamma_2' CFO_{j,t} + \varepsilon$	
adj. M（Ⅳ）	$P^{V}_{j,t} = \beta_0 + \beta_1 BV_{j,t} + \beta_2 RI_{j,t} + \varepsilon$	股权账面价值与剩余收益
M（Ⅳ）	$P_{j,t} = \beta_0' + \beta_1' BV_{j,t} + \beta_2' RI_{j,t} + \varepsilon$	
adj. M（Ⅴ）	$P^{V}_{j,t} = \beta_0 + \beta_3 BV_{j,t} + \varepsilon$	股权账面价值
M（Ⅴ）	$P_{j,t} = \beta'_0 + \beta_3' BV_{j,t} + \varepsilon$	
adj. M（Ⅵ）	$P^{V}_{j,t} = \eta_0 + \eta_1 V_{j,t} + \varepsilon$	内涵价值
M（Ⅵ）	$P_{j,t} = \eta_0' + \eta_1' V_{j,t} + \varepsilon$	

注：$P^{V}_{j,t}$表示 j 公司 t 期理性股价；$P_{j,t}$表示 j 公司 t 期股票价格；$E_{j,t}$ 表示 j 公司 t 期会计利润总额；$PE_{j,t}$ 表示 j 公司 t 期营业利润总额；$TE_{j,t}$ 表示 j 公司 t 期营业外收支净额；$Acc_{j,t}$ 表示 j 公司 t 期应计利润；$CFO_{j,t}$ 表示 j 公司 t 期经营现金流；$RI_{j,t}$ 表示 j 公司 t 期剩余收益；$BV_{j,t}$ 表示 j 公司 t 期账面净资产。

根据本书的研究需要，选择样本遵循以下原则：

（1）与本书第 5 章的实证样本期间保持一致，由于第 5 章研究所需的大笔交易数据库涵盖期间为 2003 年 9 月至 2009 年 12 月，因此本书的实证研究也限定在此时间区间。

（2）由于利用 F－O 模型计算公司内涵价值需要尽量获得较长期的会计信息时间序列以提高内涵价值计算的精确度，所以本书要求样本公司在 2003 年 9 月之前至少有 10 年会计信息时间序列。这样，样本总体被确定为为 1993 年 12 月 31 日前在深圳证券交易所上市的公司。

（3）样本公司为公开发行A股的非金融类公司。

（4）通过计算内涵价值，剔除了3家内涵价值为负值的公司。因为这类公司不适用于计算内涵股价，所以应与剔除。

（5）回归的时间窗口为样本公司年报公布后连续五个交易日。

最后选择了58家公司406个公司/年度面板数据。所需数据主要来源于上市公司历年的年报、公告以及国泰安CSMAR数据库。样本公司描述性统计见4.4.1。

4.3 变量定义及计算

4.3.1 理性股价计算

根据本书定义，理性股价是在有效资本市场假说框架下，模拟有效资本市场环境，基于资本资产定价模型和股票内涵价值理论，同时考虑市场系统风险变动所虚拟的股票价格。本书采用两步骤计算理性股价：首先，根据剩余收益估值模型（Residual Income Model）计算股票的内涵价值（Value）；然后利用资本资产定价模型（CAPM）将内涵价值转换为考虑了市场风险和公司特有风险（β）的理性股价。

1. 股票内涵价值计算

股票代表股东对公司未来收益的要求权和对剩余资产的分配权，股票作为一项金融资产，其价值很难计算。多年来，会计学界提出了很多估算股票内涵价值的模型，如会计盈余折现模型、现金流折现模型和剩余收益估值模型等。

本书以获得最广泛认可的剩余收益估值模型（Residual Income Valuation Model)[38-39]（以下简称F-O模型）来计算内涵价值V。F-O模型首次用简单的线性函数将股票估值与会计信息的关系做了清晰的描述，成为价值评估领域新的里程碑。模型基于股利折现假设、净剩余关系假设和剩余收益的线性信息动态假设，将股票价值表述为股权账面价值和剩余收益的贴现值之和。

F-O模型的构建基于以下三个基本假设：

a. 股利折现假设：

$$V_t = \sum_{i=1}^{\infty} \frac{E_t(D_{t+i} | I_t)}{(1+r)^i} \tag{4-3}$$

这一假设起源于股利折现理论，即股票内涵价值等于其未来可分配股利的现值之和。式中，$E_t(D_{t+i} | I_t)$ 是指在信息集 I_t 的条件下的期望股利流；r为预期折现率，即经风险调整的预期报酬率。

b. 净剩余关系假设：

净剩余关系（CleAn Surplus RelAtion，CSR）假设描述了公司股东权益的变化规律——无论公司采取何种会计政策，权益账面值的变动数均等于当期会计利润与股利分配值之差。即：

$$BV_{j,t} = BV_{j,t-1} + X_{j,t} - D_{j,t} \tag{4-4}$$

其中，$BV_{j,t}$ 表示t期末j公司股权账面价值；$X_{j,t}$ 表示j公司t期会计盈余；$D_{j,t}$：j公司t期发放的股利。

c. 剩余收益的线性信息动态（the Linear Information Dynamics）假设：

剩余收益（Residual Income）是公司当期会计盈余超过股东权益资本成本（权益账面值与资本成本率的乘积）的部分，剩余收益表示公司获取超额利润的能力。F-O模型假设剩余收益的时间序列服从自回归（an Autoregressive Time-series Decay）

过程。另外，除了会计信息以外，公司的其他信息也对股票内涵价值和超额收益存在影响并假设该“其他信息”本身也服从一阶自回归并以一阶时滞影响超额盈余。F－O 模型将关于剩余收益和“其他信息”时间序列特征的假设称为“线性信息动态假设”。其表达式为：

$$X^a_{j,t+1} = \omega X^a_{j,t} + \upsilon_{j,t} + \varepsilon_{1,j,t+1} \quad (4-5)$$

$$\nu_{j,t+1} = +\gamma\nu_{j,t} + \varepsilon_{2,j,t+1} \quad (4-6)$$

式中，$X^a_{j,t}$表示 j 公司第 t 期的剩余收益（或称超额盈余，Residual Income），其数额等于 j 公司第 t 期的会计盈余 $X_{j,t}$ 与公司股本的资金成本之差，即：$X^a_{j,t} = X_{j,t} - r_t \times BV_{t-1}$；$\upsilon_t$ 指未包含在会计信息中但与未来盈余有关的其他信息；ε 为均值为 0 的随机扰动项，$0 \leqslant \omega$、$\gamma < 1$。

在上述三个假设的基础上，经过系列数学推导，F－O 模型将股票内涵价值表示为：

$$V_{j,t} = BV_{j,t} + \alpha_1 X_{j,t}^{a} + \alpha_2 \nu_{j,t} \quad (4-7)$$

其中，$\alpha_1 = \omega/(1+r-\omega)$；$\alpha_2 = (1+r)/[(1+r-\omega)(1+r-\gamma)]$

式中：

$V_{j,t}$ ——j 公司股票 t 期的内涵价值；

$BV_{j,t}$——t 期末 j 公司股权账面价值；

$X_{j,t}^{a}$——j 公司 t 期的剩余收益；

$\nu_{j,t}$——j 公司 t 期未包含在会计信息中但与未来盈余有关的其他信息。

关于 F－O 模型的实际运用，Dechow 和 Sloan（1999）[213] 指出，动态信息假设是 F－O 模型的精髓所在，如果抛开了动态信息假设，F－O 模型在本质上就与股利折现模型没有区别。他们提出了运用 F－O 模型的四个步骤：①通过动态线性信息模型

（4－5）确定参数 ω。②用分析师预测值表示 t＋1 期剩余收益的条件期望 $E\ (E_{t+1}/X_t)$，以该预测值与模型（4－5）的拟合值之差表示“其他信息” ν_t。③其他信息 ν_t 代入式（4－6），通过回归求得参数 γ。④将参数 ω 和 γ 代入式（4－7），计算内涵价值。本书也采取上述四个步骤计算公司内涵价值，但是由于我国没有完整的“分析师预测”数据，所以无法完成上述第②步。所以，本书以模型（4－6）的回归残差表示“其他信息” ν_t。

根据证监会相关规定，上市公司必须在会计年度结束后四个月内公布其上年度财务报告。为简便起见，我们假定投资者于每年 5 月 1 日根据年报数据更新其对股票内涵价值的估计，该估计值在下一次年报公布前不会发生改变。

2. 理性股价的计算

由于市场供求不断变化，所以即使在完美的资本市场中，理性股价也不会固定在内涵价值这一点上，而是随着市场供求而围绕内涵价值上下波动。所以，要进行会计信息价值相关性研究，必须还要将内涵股价换算为理性股价。

根据本书对理性价格的定义，理性价格实际上就是某证券在有效市场中的均衡价格，这完全符合资本资产定价模型的假设条件，因此，本书运用资本资产定价模型计算证券的理性价格。

资本资产定价模型（CAPM）（Sharp，1963）[201] 指出，在不确定情况下，股票 i 的预期报酬率等于市场无风险报酬率及与股票 i 的风险水平相对应的风险报酬之和，后者由股票 i 的风险系数和市场平均风险报酬率共同决定。

资本资产定价模型表述如下：

$$R_{j,N} = R_{f,N} + \beta_{j,N}(R_{M,N} - R_{f,N}) + \varepsilon_i \qquad (4-8)$$

$$\beta_{j,N} = \frac{Cov[R_{j,N}, R_{M,N}]}{Var[R_{M,N}]} \qquad (4-9)$$

式中：

$R_{j,N}$ ——j 公司股票在第 N 个交易日的预期收益率；

$R_{M,N}$ ——市场组合 M 在第 N 个交易日的预期收益率；

$R_{f,N}$ ——市场无风险资产在第 N 个交易日的收益率；

$\beta_{j,N}$ ——j 公司股票在第 N 个交易日的系统风险系数，等于 j 公司股票与市场组合 M 收益的协方差同市场组合收益波动率的比率。

根据有效市场假说，当投资者理性且风险中性、市场存在充分套利的条件下，证券价格服从随机游走，股票价格运动毫无规律，不能预测，股票价格的运动可以用布朗运动（Brownian Motion）来描述，即：

$$E(P_{j,N+1}) = [1 + E(R_{j,N+1})]P_{j,N} \qquad (4-10)$$

式中：

$E(P_{j,N+1})$ ——j 公司股票第 N+1 个交易日的股价期望值；

$E(R_{j,N+1})$ ——j 公司股票第 N+1 个交易日期望收益率。

将（4-8）代入（4-10）并通过变形，得出理性股价计算公式：

$$P^{V}_{j,N} = [1 + R_{f,N} + \beta_{j,N} (R_{M,N} - R_{f,N})] V_{j,t} \qquad (4-11)$$

式中：

$P^{V}_{j,N}$——j 公司股票第 N 个交易日理性股价；

V_j ——j 公司 t 期股票内涵价值，每年根据其年报信息采用 F-O 模型计算并在该会计年度保持不变，直至下一年度年报披露；

其余变量同式（4-8）。

（4-11）式将理性股价表示为股票内涵价值和个股风险回

报率的函数。由于内涵价值是不会随市场波动而随时波动的，所以可以假定内涵价值在一个年报周期内保持不变，即：在公司公布年报后的第一个交易日至下一年度年报公布日期间，内涵价值不变。基于此假设，笔者将公司年报公布后的第一个交易日至下一年度年报公布日之间的交易日视为一个计算周期逐日计算样本公司每个交易日的理性股价。

4.3.2　会计变量计算

1. 会计盈余及其构成

会计盈余表示公司运用资金获取收益的能力，是投资者最为关心的会计信息。会计盈余是由主营业务利润、其他业务利润和营业外收支净额等几部分构成的，根据其对未来现金流量的预测能力可将会计盈余分为两类：一类是可持续盈余（Permanent Earnings，如主营业务利润）或称为核心盈余（Core Earnings）；一类是暂时盈余（Transitory Earnings，如暂时性的利得或损失）或称为非核心盈余（Non－core Earnings）。可持续盈余代表公司持久的获利能力，对公司未来现金流具有较好的预测能力，而暂时盈余是不会重复发生的，它仅代表当前现金流，对未来现金流的预测能力较差。显然，持续盈余与公司内涵价值的相关性远高于暂时盈余。所以本章分别验证了会计盈余、持续盈余和暂时盈余的价值相关性。

2. 现金流及应计利润

由于现行会计模式是以权责发生制为基础的，这就导致会计盈余信息包含了诸多调整事项，故按现行会计模式，企业的净利润实际上由现金流量和对现金流量的会计调整两部分构成，前者在企业财务报告的现金流量表中反映，后者称为应计利润（Accruals）。

(1) 应计利润

应计利润是指那些不直接形成当期现金流入或流出，但按照权责发生制和配比原则应计入当期损益的那些收入或费用(或账面净资产的增加或减少部分)，比如折旧费用、应收账款增加额等。本书引用 Sloan（1995）对于应计利润的定义和计量方法。

$$Acc_{j,t} = (\Delta CA_{j,t} - \Delta Cash_{j,t}) - (\Delta CL_{j,t} - \Delta STD_{j,t} - \Delta TP_{j,t}) - Dep_{j,t} \quad (4-12)$$

式中：

$Acc_{j,t}$ ——j 公司 t 期应计利润；

$\Delta CA_{j,t}$ ——j 公司 t 期流动资产变化额，$\Delta CA_{j,t} = CA_{j,t} - CA_{j,t-1}$；

$\Delta Cash_{j,t}$ ——j 公司 t 期现金及现金等价物变化额，$\Delta Cash_{j,t} = Cash_{j,t} - Cash_{j,t-1}$；

$\Delta CL_{j,t}$ ——j 公司 t 期流动负债变化额，$\Delta CL_{j,t} = CL_{j,t} - CL_{j,t-1}$；

$\Delta STD_{j,t}$ ——j 公司 t 期流动负债中包含的短期借款变动额，$\Delta STD_{j,t} = STD_{j,t} - STD_{j,t-1}$；

$\Delta TP_{j,t}$ ——j 公司 t 期应付税款变动额，$\Delta TP_{j,t} = TP_{j,t} - TP_{j,t-1}$；

$Dep_{j,t}$ ——j 公司 t 期折旧及摊销费用。

(2) 经营现金流（CFO）

公司的经济业务可分为经营活动、筹资活动和分配活动，分别对应于不同的现金流，其中筹资活动和分配活动产生的现金流与公司价值变动无关，所以所以会计信息价值相关性研究对象为经营现金流（CFO），即由公司的经营活动引起的现金等价物的流入和流出。经营现金流等于会计盈余减去应计利润。即：

$$CFO_{j,t} = E_{j,t} - ACC_{j,t} \quad (4-13)$$

式中：

$CFO_{j,t}$ ——j 公司 t 期经营现金流；

$E_{j,t}$ ——j 公司 t 期会计利润总额；

$Acc_{j,t}$ ——j 公司 t 期应计利润。

（3）剩余收益与账面净资产

剩余收益（Residual Income）指公司当期会计盈余超过股东权益资本成本（权益账面值与资本成本率的乘积）的部分，即：

$$RI_{j,t} = E_{j,t} - r_t \times BV_{j,t-1} \qquad (4-14)$$

式中：

$RI_{j,t}$ ——j 公司 t 期剩余收益；

$E_{j,t}$ ——j 公司 t 期会计利润总额；

r ——资本成本率，用 t 期人民银行公布的 5 年期加权平均利率表示；

$BV_{j,t-1}$——j 公司 t－1 期账面净资产。

综上所述，变量定义及计算方法见下表：

表 4－2　　变量定义与计量方法表

变量定义	变量符号	计量方法
会计盈余	*E*	会计利润总额
可持续盈余	*PE*	营业利润总额
暂时性盈余	*TE*	营业外收支净额
应计利润	*ACC*	不形成现金流但应计入当期损益的收入和费用
经营现金流	*CFO*	经营活动产生的现金流
剩余收益	*RI*	当期会计盈余超过股东权益资本成本的部分
账面净资产	*BV*	上期末公司股东权益账面净值
内涵价值	*V*	以剩余收益估价模型计算得出的股票价值

4.4 实证结果及分析

实证研究的过程非常复杂：首先对所选定的样本公司逐一逐年计算内涵价值并在一个报表期内保持恒定；其次将上述样本公司内涵股价换算为年报公布日后5个交易日理性股价；然后对所有样本分别以修正价值相关性研究模型和现行价值相关性研究模型进行回归分析；最后比较两类模型的回归结果，得出研究结论。

4.4.1 描述性统计

本节列示了样本公司内涵价值、股票价格、理性股价以及相关会计变量的描述性统计结果并对其进行初步分析。

样本公司内涵价值的描述性统计见表4-3。

表4-3　　内涵价值描述性统计结果

V	2003年	2004年	2005年	2006年	2007年	2008年	2009年
N	58	58	58	58	58	58	58
Mean	1.84	1.53	2.61	2.63	3.14	2.79	2.78
Median	2.37	1.95	2.16	2.05	2.15	2.17	2.46
Variance	1.05	1.21	1.28	1.20	1.40	1.73	1.90
Minimum	0.09	0.11	0.13	0.14	0.07	0.15	0.21
Maximum	9.18	10.74	7.38	8.29	12.09	9.63	10.69
Percentiles 25	1.54	1.07	1.4	1.36	1.83	1.22	1.19
75	4.22	3.15	3.56	3.71	4.78	3.36	4.55

内涵价值是采用F-O模型（式4-7），在每家样本公司每年公布其年度财务报告后计算得出并剔除了内涵价值为负值的3

家公司。从表4-3可以看出样本公司内涵价值具有以下特征：

第一，样本公司内涵价值较低。样本期间（2003年至2009年）内58家样本公司内涵价值的均值最大值为2007年（内涵价值均值为3.14），最小值仅为1.53（2004年）；内涵价值大大低于同期股票市价（描述性统计见表4-4），说明我国资本市场存在严重高估现象。

第二，样本公司内涵价值差异明显，内涵价值的最大值出现在2007年（12.09元，深万科），最小值仅为0.07（吉林制药/2007年），前者是后者的172倍。说明我国上市公司分化严重。

第三，内涵价值在样本期内无趋势性变化，尤其不存在上升趋势，这既与同期我国经济增长和GDP高速增长的宏观背景不相符，也与同期股票价格的变化和几大股指增长不相符。通过比较此期间内股票价格的变化，股票价格出现了较大幅度增长，尤其在2005—2008年，说明股价上涨不是以价值增长为支撑，而是市场非理性因素影响造成的。进一步验证了我国资本市场尚未达到有效状态，股票价格不能公允地反映内涵价值。

股票价格、理性股价和相关会计变量的描述性统计结果如表4-4所示：

表4-4　变量的描述性统计

变量	样本数	均值	中位值	标准差	25%	75%
$P_{j,t}$	406	43.86	35.98	10.57	4.68	98.07
$P_{j,t}^V$	406	18.94	17.6	6.3	3.25	35.66
$E_{j,t}$	406	2.11	2.45	4.29	0.31	8.86
$PE_{j,t}$	406	0.97	1.55	3.72	0.07	6.64
$TE_{j,t}$	406	1.28	0.93	9.74	0.006	9.61
$ACC_{j,t}$	406	2.77	2.39	5.75	0.007	10.13
$CFO_{j,t}$	406	1.84	1.69	4.21	-0.013	5.07
$RI_{j,t}$	406	0.16	0.23	0.185	0.004	0.51
$BV_{j,t}$	406	5.25	4.83	9.103	2.06	10.19

首先分析股票价格 $P_{j,t}$ 和理性股价 $P_{j,t}^{V}$ 这两个变量。比较理性股价与内涵价值的大小可以看出，理性股价 $P_{j,t}^{V}$ 的均值为 18.94 元，而内涵股价（V）的均值仅为2—3 元，这意味着，平均而言，即使剔除了交易操纵的影响，资本市场定价也是股票内涵价值的 6—9 倍，这可能是两方面原因造成的，一是过度关注和依赖会计变量的历史数据导致 F—O 模型低估了股票内涵价值；二是理性股价体现了资本市场系统风险对个股的影响，而样本期内资本市场总体存在高估现象。通过比较理性股价与股票市价可以看出，样本期内股票价格均值为 43.86 元、理性股价均值为 18.94 元，二者均值之差达 20.43 元，股票市价是理性股价的 2.08 倍。这进一步证明了我国资本市场定价机制存在严重偏误，股票价格长期严重偏离其价值。

通过分析会计盈余及其构成项目可以发现，我国上市公司整体盈利能力较差，与股票价格不相配比。例如：E/P 的均值仅为 0.052，表明股票市盈率均值高达 20 倍，大大高于发达资本市场的平均水平。同时，可持续盈余与股价之比的平均值仅为 0.02，而暂时性盈余占会计盈余的比重几乎达到了 60%。这说明上市公司盈利能力可持续性较弱，往往借助暂时性盈余进行盈余管理以规避退市或特别处理条款。同时，暂时性盈余的方差大大高于会计盈余及可持续盈余，这是由于暂时性盈余在调节利润方面具有双刃剑的作用：亏损上市公司通过增加暂时性盈余实现盈利而盈利过高的公司通过减少暂时性盈余进行利润平滑，亏损公司和盈利公司对暂时性盈余的差别化运用导致暂时性盈余在公司间存在较大差异，这也再次证明我国上市公司存在较为普遍的利用暂时性盈余进行盈余管理的行为。

通过分析应计项目和现金流可以发现：应计项目的均值为 2.77，而经营活动产生的现金流均值仅为 1.84，这说明上市公司的会计盈余主要是由应计利润构成的，缺乏现金流的支撑。而应计利润（尤其是操纵性应计利润）通常被视为会计盈余的蓄水池和实施盈余管理的主要手段之一，这就印证了上市公司普遍存在盈余管理行为的结论。

通过分析剩余收益变量和账面净资产可以发现：我国上市公司创利润率仅略高于同期银行存款平均利率，上市公司运用资金保值增值能力有待提高。最后，账面净资产与股票价格之比仅为 0.125，意味着股票价格高达账面股东权益的 8 倍，说明股票价格中包含较高的噪音成分。

4.4.2　修正模型与现行模型回归结果及比较分析

根据实证研究方案，对表 4－1 中的六组 12 个价值相关性模型进行回归分析，回归方程的系数拟合值和方程判定系数分别表示采用修正的价值相关性研究模型和现行模型对会计信息价值相关性的评价结果。对评价结果进行比较可以评价修正的价值相关性研究模型和现行模型评价会计信息价值相关性的优劣。

1. adj. M(Ⅰ)与 M(Ⅰ) 实证结果及比较分析

adj. M(Ⅰ)与 M(Ⅰ)以会计盈余为回归自变量,分别以理性股价和股票市价为回归因变量。其模型表达式如下：

adj. M(Ⅰ)：$P_{j,t}^{V} = \alpha_0 + \alpha_1 E_{j,t} + \varepsilon$

M(Ⅰ)：$P_{j,t} = \alpha'_0 + \alpha_1' E_{j,t} + \varepsilon$

式中：$P_{j,t}^{V}$表示 j 公司 t 期理性股价，下同；

$P_{j,t}$表示 j 公司 t 期股票价格，下同；

$E_{j,t}$ 表示 j 公司 t 期会计利润总额，下同。

由于会计盈余是投资者最关注的会计变量，股票价格与会计盈余之比（市盈率）也是股票投资分析中最常用的指标，这两个回归方程最能直接反映会计信息对股票定价的影响。表 4－5

列示了 adj. M(Ⅰ)与 M(Ⅰ)的回归结果及差异。

表 4 - 5　adj. M（Ⅰ）与 M（Ⅰ）回归结果比较表

模型	因变量	自变量	$adjR^2$	F 统计量
		E		
adj. M（Ⅰ）	P^V	4.34***（7.421）	0.18	35.103***
M（Ⅰ）	P	2.28***（4.530）	0.04	24.088***
$adjR^2$ 变化值			0.14	

注：① *** 表示 1% 水平下显著。②括号中的数据为 t 值。

从表 4 - 5 可以看出，无论是修正的价值相关性研究模型 adj. M（Ⅰ）还是现行价值相关性研究模型 M（Ⅰ），会计盈余的回归系数均在 1% 水平下显著为正，表示会计盈余具有较高的价值相关性，它与股票价格同方向变动，是资本市场投资者进行投资决策所依据的重要指标之一。这与孙爱军、陈小悦（2005）的研究结论不同。孙、陈在将股票超额报酬与未预期盈余进行回归后发现，1995 年回归系数居然为负值，为此他们的解释是：1995 年上市公司利润下跌达 88.53%，但资本市场全年没有对此做出相应反应。而本书运用修正的价值相关性研究模型和现行价值相关性研究模型都得到了显著为正值的回归系数。本书研究结论与孙爱军、陈小悦（2005）不同，原因在于实证研究样本不同：本书的样本区间是 2004—2008 年，而孙爱军、陈小悦（2005）的样本区间是 1993—1997 年，二者相差 10 年，而这 10 年正是中国资本市场取得迅猛发展、由刚刚起步到初步规范的 10 年。所以，在这两个样本区间内，资本市场对会计盈余具有不同的市场反应。同时，研究结论的差异从侧面反应出我国资本市场的定价效率较资本市场发展初期有所提升。

从回归结果比较表可以看出，adj. M（Ⅰ）和 M（Ⅰ）的回归结果差异在于：

(1) 在回归系数拟合值方面：adj. M（Ⅰ）的系数为 4.34，而 M（Ⅰ）的系数仅为 2.28，说明在修正价值相关性模型中，会计盈余信息对内涵价值表征变量的影响更大。

(2) 在回归方程判定系数方面，adj. M（Ⅰ）的判定系数为 0.18，而 M（Ⅰ）的判定系数仅为 0.04，前者比后者高出 0.14。说明修正的价值相关性研究模型更好地拟合了样本数据，运用该模型能更好地反映会计变量对股票价格的解释度。

可见，无论是回归系数拟合值还是回归方程判定系数，修正的价值相关性研究模型 adj. M（Ⅰ）均较现行价值相关性研究模型 M（Ⅰ）有大幅度提高，证明了 adj. M（Ⅰ）能更好地揭示会计盈余的价值相关性。

2. adj. M（Ⅱ）与 M（Ⅱ）实证结果及比较分析

对会计盈余进行价值相关性分析，除了需关注会计盈余本身外，还需关注构成会计盈余的组成项目（如可持续盈余和暂时性盈余）。由于会计盈余构成项目的来源不同、可持续性不同，其对股票定价的意义也不同，所以其价值相关性也应不同。但是，已有研究表明，资本市场并不能理解会计盈余构成项目的差异，对盈余构成项目具有一视同仁的反应，这就是所谓的资本市场功能锁定现象。

adj. M（Ⅱ）与 M（Ⅱ）以可持续盈余和暂时性盈余为自变量，分别以理性股价和股票市价为回归因变量。若可持续盈余和暂时性盈余的回归系数没有显著差异，证明市场确实存在功能锁定，反之，若可持续盈余和暂时性盈余的回归系数显著不同且前者高于后者，说明可持续盈余对股票价格具有更大的影响。adj. M（Ⅱ）与 M（Ⅱ）模型表达式如下：

adj. M（Ⅱ）：　$P_{j,t}^{V} = \alpha_0 + \alpha_2 PE_{j,t} + \alpha_3 TE_{j,t} + \varepsilon$

M（Ⅱ）：　$P_{j,t} = \alpha'_0 + \alpha_2'PE_{j,t} + \alpha_3'TE_{j,t} + \varepsilon$

式中：$PE_{j,t}$ 表示 j 公司 t 期可持续盈余，以 t 期营业利润总额表示；$TE_{j,t}$ 表示 j 公司 t 期暂时盈余，以 j 公司 t 期营业外收支净额表示。

表 4-6 列示了 adj. M（Ⅱ）与 M（Ⅱ）的回归结果及差异。

表 4-6　adj. M（Ⅱ）与 M（Ⅱ）回归结果比较表

模型	因变量	自变量		adjR²	F 统计量
		PE	TE		
adj. M(Ⅱ)	P^V	5.87**(2.208)	1.42*(1.934)	0.235	13.737***
M(Ⅱ)	P	1.66*(1.787)	1.81*(1.921)	0.09	15.987***
adjR² 变化值		0.145			

注：①*表示 10% 水平下显著；**表示 5% 水平下显著；***表示 1% 水平下显著。②括号中的数据为 t 值。

表 4-6 可以看出：无论是修正的价值相关性研究模型 adj. M（Ⅱ）还是现行价值相关性研究模型 M（Ⅱ），可持续会计盈余、暂时性盈余的回归系数均显著为正，表示二者具有较高的价值相关性。在 M（Ⅱ）中，*PE* 与 *TE* 的回归系数没有明显差异，表明资本市场并未对二者实施差异化定价，证明资本市场没有识别会计盈余的不同构成项目的差异，资本市场存在功能锁定现象。

adj. M（Ⅱ）和 M（Ⅱ）的回归结果差异在于：①在回归系数拟合值方面：adj. M（Ⅱ）中，*PE* 的回归系数为 5.87，而 M（Ⅱ）的系数仅为 1.66，前者高于后者，说明可持续盈余对理性股价的影响高于其对股票市价的影响；*TE* 的回归系数值得进一步探讨。adj. M（Ⅱ）中 *TE* 的系数低于 M（Ⅱ），说明 *TE* 对理性股价的影响程度小于其对股票价格的影响，这是因为理性股价剔除了市场非理性因素所导致的定价偏差，也就部分地剔除了资本市场“功能锁定”这一非理性因素对价格的影响，所以理性股价对 *TE* 的反应小于其对 *PE* 的反应。进一步说明剔除了部分价格噪音的理性股价更能反映会计信息在传递内涵价值信息方面的作用，运用修正价值相关性模型进行实证研究，提高了可持续盈余和暂时性盈余这两个会计信息的价值相关性。②在回归方程判定系数方面，adj. M（Ⅱ）的判定系数为0.235，而M（Ⅱ）的判定系数仅为0.09，前者比后者高出0.145。说明修正价值相关性模型更好地拟合了样本数据，运用该模型能更好地反映会计变量对股票价格的解释度。

总体而言，无论是回归系数拟合值还是回归方程判定系数，修正的价值相关性研究模型 adj. M（Ⅱ）均比现行价值相关性研究模型 M（Ⅱ）有大幅度修正，说明现行价值相关性研究模型 M（Ⅱ）低估了会计信息与股票内涵价值的相关度，证明 adj. M（Ⅱ）能更好地揭示会计盈余及其构成项目的价值相关性。

3. adj. M（Ⅲ）与 M（Ⅲ）实证结果及比较分析

经营现金流和应计利润价值相关性研究结论在讨论资本市场“功能锁定”方面具有广泛应用。其原理与可持续盈余和暂时盈余相同，即：经营现金流和应计利润对股票内涵价值具有不同的影响，有效的资本市场和老练的投资者可以识别现金流和应计利润在信息含量和定价含义方面的差异，对其实行区别定价，导致现金流和应计利润具有不同的价值相关性。如果现金流和应计利润的价值相关性没有显著差异，说明资本市场存在功能锁定现象，即锁定于公司的名义会计盈余，而不能识别现金流和应计利润的差异从而导致未能对二者实行区别定价。另外，经营现金流和应计利润价值相关性的大小还能体现权责发生制和收付实现制这两大会计基础的优劣和取舍，具有重大的理论意义。

adj. M（Ⅲ）与 M（Ⅲ）都是以经营现金流和应计利润为回归自变量，分别以理性股价和股票市价为回归因变量。若经营现金流和应计利润的回归系数没有显著差异，证明市场确实存在功能锁定，反之，若二者显著不同且经营现金流的回归系数高于应计利润的回归系数，说明经营现金流对股票价格具有更大的影响。adj. M（Ⅲ）与 M（Ⅲ）模型表达式为：

adj. M（Ⅲ）：$P^{V}_{j,t} = \gamma_0 + \gamma_1 ACC_{j,t} + \gamma_2 CFO_{j,t} + \varepsilon$

M（Ⅲ）：$P_{j,t} = \gamma_0' + \gamma_1' ACC_{j,t} + \gamma_2' CFO_{j,t} + \varepsilon$

式中：$ACC_{j,t}$ 表示 j 公司 t 期应计利润；$CFO_{j,t}$ 表示 j 公司 t 期经营现金流。

表 4－7 列示了 adj. M（Ⅲ）与 M（Ⅲ）的回归结果。

表 4－7　adj. M（Ⅲ）与 M（Ⅲ）回归结果比较表

模型	因变量	自变量		$adjR^2$	F 统计量
		ACC	*CFO*		
adj. M(Ⅲ)	P^V	2.484** (2.963)	4.561** (2.529)	0.32	33.559***
M(Ⅲ)	P	3.353* (1.903)	3.297* (1.666)	0.124	30.676***
$adjR^2$ 变化值		0.196			

注：①*表示 10% 水平下显著；**表示 5% 水平下显著；***表示 1% 水平下显著。②括号中的数据为 t 值。

可以看出，无论是修正的价值相关性研究模型 adj. M（Ⅲ）还是现行价值相关性研究模型 M（Ⅲ），经营现金流和应计利润的回归系数均显著为正，表示经营现金流和应计利润具有较高的价值相关性，它与股票价格同方向变动，是资本市场投资者进行投资决策所依据的重要指标之一。*ACC* 与 *CFO* 的回归系数没有明显差异，表明资本市场并未对二者实施差异化定价，证明资本市场存在功能锁定现象。

adj. M（Ⅲ）和M（Ⅲ）的回归结果差异在于：①在回归系数拟合值方面：首先，adj. M（Ⅲ）中，*ACC*与*CFO*的回归系数分别为2.484和4.561，而M（Ⅲ）对应的系数值分别为3.353和3.297。而且，*CFO*的回归系数显著性水平有所提高：adj. M（Ⅲ）中，*CFO*的回归系数在5%水平下显著，而M（Ⅲ）中*CFO*的回归系数显著性水平仅为10%。说明运用修正价值相关性模型进行实证研究，提高了经营现金流的价值相关性。②在回归方程判定系数方面，adj. M（Ⅲ）的判定系数为0.32，而M（Ⅲ）的判定系数仅为0.124，前者比后者高出1.66倍。说明修正的价值相关性研究模型更好地拟合了样本数据，运用该模型能更好地反映会计变量对股票价格的解释度。

总体而言，无论是回归系数拟合值还是回归方程判定系数，修正的价值相关性研究模型adj. M（Ⅲ）均比现行价值相关性研究模型M（Ⅲ）有大幅度修正，说明现行价值相关性研究模型M（Ⅲ）低估了*ACC*与*CFO*的价值相关性。

4. adj. M（Ⅳ）与M（Ⅳ）实证结果及比较分析

adj. M（Ⅳ）与M（Ⅳ）是基于剩余收益估值模型的价值相关性研究模型。Feltham、Ohlson[49]提出的著名的剩余收益估值模型（Residual Income Valuation Model），将股票价值表述为股权账面价值和预期超额盈余贴现值之和，首次将股票价值与会计数据的关系用简单的线性函数表达出来，描述了会计数据与股票估值过程之间的关系，成为股票价值评估研究新的里程碑，也为实证会计领域验证权益账面价值和剩余收益的信息含量提供了理论基础。

adj. M（Ⅳ）与M（Ⅳ）都以账面净资产*BV*和剩余收益*RI*为自变量，分别以理性股价和股票市价为回归因变量。其模型表达式如下：

adj. M（Ⅳ）： $P^{V}_{j,t} = \beta_0 + \beta_1 BV_{j,t} + \beta_2 RI_{j,t} + \varepsilon$

M（Ⅳ）： $P_{j,t} = \beta_0' + \beta_1' BV_{j,t} + \beta_2' RI_{j,t} + \varepsilon$

式中：$BV_{j,t}$ 表示 j 公司 t 期账面净资产；$RI_{j,t}$ 表示 j 公司 t 期剩余收益。

表 4-8 列示了 adj. M（Ⅳ）与 M（Ⅳ）的回归结果及差异。

表 4-8　adj. M（Ⅳ）与 M（Ⅳ）回归结果比较表

模型	因变量	自变量		adjR^2	F 统计量
		BV	*RI*		
adj. M(Ⅳ)	P^V	5.041**(2.874)	1.69*(-1.940)	0.37	22.356***
M(Ⅳ)	*P*	9.134**(2.211)	-0.97(0.552)	0.08	25.104***
adjR^2 变化值		0.29			

注：①* 表示 10% 水平下显著；** 表示 5% 水平下显著；*** 表示 1% 水平下显著。②括号中的数据为 t 值。

表 4-8 可以看出：无论是修正的价值相关性研究模型 adj. M（Ⅳ）还是现行价值相关性研究模型 M（Ⅳ），*BV* 的回归系数均显著为正，表示其具有较高的价值相关性。但在现行模型中，*RI* 的回归系数不显著。

adj. M（Ⅳ）与 M（Ⅳ）的回归结果差异在于：①在回归系数拟合值方面：adj. M（Ⅳ）中，*BV* 的回归系数为 5.041，而 M（Ⅳ）的系数高达 9.134；该系数拟合值的判别规则是：系数越接近于 1，说明 *BV* 的价值相关性越大。根据这一判断规则，adj. M（Ⅳ）的回归系数拟合值优于 M（Ⅳ）；同时，adj. M（Ⅳ）中 *RI* 的回归系数为在 10% 的水平下显著，而 M（Ⅳ）中 *RI* 的回归系数不具有显著性，显然，前者优于后者。说明运用修正价值相关性模型进行实证研究，提高了剩余收益和账面净资产这两个会计信息的价值相关性。②在回归方程判定系数方面，adj. M（Ⅳ）的判定系数为 0.37，而 M

（Ⅳ）的判定系数仅为0.08，前者比后者高出近4倍，说明修正的价值相关性研究模型更好地拟合了样本数据，运用该模型能更好地反映会计变量对股票价格的解释度。

总体而言，无论是回归系数拟合值还是回归方程判定系数，修正的价值相关性研究模型adj. M（Ⅳ）均比现行价值相关性研究模型M（Ⅳ）有大幅度修正，说明adj. M（Ⅴ）能更好地揭示账面净资产和剩余收益的价值相关性。

5. adj. M（Ⅴ）与M（Ⅴ）实证结果及比较分析

adj. M（Ⅴ）与M（Ⅴ）均以账面净资产为回归自变量，分别以理性股价和股票市价为回归因变量。股票价格与账面净资产*BV*实际上代表了股东权益价值的不同侧面，股票价格代表股东权益的公允价值，*BV*代表股东权益的历史成本。所以，账面净资产*BV*应该具有较高的价值相关性。理论上讲，股票价格与账面净资产*BV*的回归系数应该接近于1，越接近于1，说明二者的一致度越高，账面净资产*BV*的信息越有用。adj. M（Ⅴ）与M（Ⅴ）的表达式如下：

adj. M(Ⅴ)：$P_{j,t}^{V} = \beta_0 + \beta_3 BV_{j,t} + \varepsilon$

M(Ⅴ)：$P_{j,t} = \beta'_0 + \beta_3' BV_{j,t} + \varepsilon$

表4-9列示了adj. M（Ⅴ）与M（Ⅴ）的回归结果。

表4-9　adj. M（Ⅴ）与M（Ⅴ）回归结果比较表

模型	因变量	自变量	adjR^2	F统计量
		BV		
adj. M(Ⅳ)	P^V	12.56***（8.097）	0.23	44.615***
M(Ⅳ)	P	27.24***（5.916）	0.09	13.767***
adjR^{2}变化值		0.14		

注：①*表示10%水平下显著；**表示5%水平下显著；***表示1%水平下显著。②括号中的数据为t值。

可以看出：无论是修正的价值相关性研究模型 adj. M（Ⅴ）还是现行价值相关性研究模型 M（Ⅴ），*BV* 的回归系数均显著为正，表示其具有较高的价值相关性。

adj. M（Ⅴ）与 M（Ⅴ）的回归结果差异在于：①在回归系数拟合值方面：adj. M（Ⅴ）中，*BV* 的回归系数为 12.56，而 M（Ⅴ）的系数高达 27.24；该系数拟合值越大，说明股票价格相对于 *BV* 的倍数越大，*BV* 的价值相关性越小。该系数拟合值越接近于 1，说明 *BV* 的价值相关性越大。根据这一判断规则，adj. M（Ⅴ）的回归系数拟合值优于 M（Ⅴ），说明修正的价值相关性研究模型能够准确地揭示会计信息的作用。②在回归方程判定系数方面，adj. M（Ⅴ）的判定系数为 0.23，而 M（Ⅴ）的判定系数仅为 0.09。说明修正的价值相关性研究模型更好地拟合了样本数据，运用该模型能更好地反映会计变量对股票价格的解释度。

总体而言，无论是回归系数拟合值还是回归方程判定系数，修正的价值相关性研究模型 adj. M（Ⅴ）均比现行价值相关性研究模型 M（Ⅴ）有大幅度修正，说明现行价值相关性研究模型低估了账面净资产与股票内涵价值的相关度，修正的价值相关性研究模型能更好地揭示账面净资产的价值相关性。

6. adj. M（Ⅵ）与 M（Ⅵ）实证结果及比较分析

在回归系数方面，由于目前仍没有关于回归系数理想值的相关理论，所以笔者很难找到评价和比较回归系数的标准。为此，借鉴 Aboody 的方法来评价回归方程系数拟合值的优劣。他认为，既然股票价格（P）是内涵价值（V）的最优表征变量，那么股票价格与股票内涵价值理论上存在着完全相等的关系，那么对二者进行一元线性回归，其回归系数的拟合值应该等于 1，这就为评价回归方程系数拟合值提供了明确的标准：当自变量分别为股票价格（P）和修正股票价格（P^V）时，回归系数接近于 1 的回归方程较优，该方程的因变量必然更能代表内涵价值，其与会计数据的关系就能更好地反映会计数据的价值相关性。

基于此，分别以股票价格和理性股价为因变量，以内涵价值为自变量进行一元线性回归，adj. M（Ⅵ）与M（Ⅵ）模型表达式为：

adj. M(Ⅵ)：　$P_{j,t}^{V} = \eta_0 + \eta_1 V_{j,t} + \varepsilon$

M(Ⅵ)：　$P_{j,t} = \eta_0' + \eta_1 V_{j,t} + \varepsilon$

式中：$V_{j,t}$ 表示j公司t期内涵价值。

表4-10列示了adj. M(Ⅵ)与M(Ⅵ)的回归结果。从股票价格对其内涵价值的回归比较结果可以看出，理性股价与内涵价值的回归系数(adj. M(Ⅵ))为8.26，而股票市价与内涵价值的回归系数为20.69，二者的差异明显，前者更接近于理论值1。adj. M(Ⅵ)的判定系数达0.27，大大高于M(Ⅵ)，这从两方面说明理性股价（P^V）能更好地反映股票价值，这也证明本书采用修正的股票价格进行会计信息的价值相关性研究部分地排除了非有效市场因素对研究结论的影响，更符合价值相关性研究的理论逻辑——将股票价格视为内涵价值的最优估计，能更准确计量会计信息的价值相关性水平。

表4-10　adj. M（Ⅵ）与M（Ⅵ）回归结果比较表

模型	因变量	自变量	$adjR^2$	F统计量
		V		
adj. M（Ⅵ）	P^V	8.26 *** （12.914）	0.27	44.860 ***
M（Ⅵ）	P	20.69 *** （4.349）	0.05	27.531 ***
$adjR^2$ 变化值			0.22	

注：① *** 表示1%水平下显著。②括号中的数据为t值。

4.4.3　实证结果总结分析

本小节从回归模型优劣判别和会计信息价值相关性两方面总

结实证研究结果并进行分析。

1. 修正的价值相关性研究模型与现行模型的优劣比较结果总结

本章从会计盈余及其构成、经营现金流及应计利润、账面净资产、剩余收益及内涵价值等五类会计变量讨论了现行方法与修正方法在评估会计信息价值相关性的结果，将上述五类变量的修正模型和线性模型分别进行配比，一一对应地比较回归方程系数拟合值和判定系数。从研究范围来讲，五类会计变量囊括了会计信息价值相关性领域最常用的变量，所以研究结果在会计信息价值相关性研究领域具有普适性。以下对实证结果进行总结。

比较修正模型和线性模型回归方程系数拟合值得出以下结论：

（1）会计盈余及其构成、经营现金流及应计利润的价值相关性方面，修正的价值相关性研究模型回归系数拟合值均优于其对应的现行模型而且在变量的显著性方面有所提高。以经营现金流变量（CFO）为例，在修正价值相关性研究模型 adj. M（Ⅲ）中，CFO 的回归系数为 4.561 且在 5% 水平下显著，而在现行价值相关性研究模型 M（Ⅲ）中，CFO 的回归系数为 3.297 且显著性水平仅为 10%。其余会计变量的回归系数值也发生了类似的变化。总之，修正模型和线性模型回归方程系数拟合值的比较结果表明运用修正价值相关性模型进行实证研究，能够更准确地反映会计信息的价值相关性。

（2）账面净资产、剩余收益及内涵价值的价值相关性研究结果，为笔者评价回归系数拟合值的优劣提供了准确标准。账面净资产（BV）、内涵价值（V）、理性股价（P^V）和股票市价（P）这四个变量，实质是以不同的形式反映股票的价值。理论上讲，假设资本市场有效且会计信息无偏，那么这四个变量存在数量始终相等的逻辑关系，在现实资本市场中，虽然无法实现

"数量始终相等"，但其内在逻辑关系是存在的。这四个变量之间的逻辑关系提供了评判回归方程系数优劣的依据，即：以账面净资产（*BV*）和内涵价值（*V*）分别对理性股价（P^V）和股票市价（*P*）回归，回归系数越接近于 1 越好，表明该回归模型能更准确地揭示变量之间的关系。

本书的回归模型 adj. M（Ⅴ）与 M（Ⅴ）以账面净资产（*BV*）为回归自变量，分别以理性股价（P^V）和股票市价（*P*）为回归因变量；adj. M（Ⅵ）与 M（Ⅵ）以内涵价值（*V*）为自变量，分别以理性股价（P^V）和股票市价（*P*）为因变量进行一元线性回归，比较这两组模型的回归系数：adj. M（Ⅴ）中，*BV* 的回归系数为 12.56，而 M（Ⅴ）中 *BV* 的系数高达 27.24；adj. M（Ⅵ）中 *V* 的回归系数为 8.26，而 M（Ⅵ）中 *V* 的回归系数为 20.69。显然，adj. M（Ⅴ）和 adj. M（Ⅵ）系数拟合值更接近于理论值 1，说明修正价值相关性模型能更准确计量会计信息的价值相关性水平。

比较修正模型和线性模型回归方程判定系数可以看出，6 组配对的模型中，所有修正模型的判定系数均高于现行模型，其中，判定系数变化最大的是 adj. M（Ⅴ），其判定系数几乎达到了 M（Ⅴ）的 3 倍所有配对模型的判定系数及其差异见表 4－11。对回归方程判定系数的比较证明修正价值相关性研究模型更好地拟合了样本数据，运用该模型能更好地反映会计变量对股票价格的解释度。

表 4－11　修正研究模型与现行研究模型判定系数比较表

修正研究模型	现行研究模型	自变量	判定系数变化
adj. M（Ⅰ）：0.18	M（Ⅰ）：0.04	*E*	0.14
adj. M（Ⅱ）：0.235	M（Ⅱ）：0.09	*PE*、*TE*	0.145

续表

修正研究模型	现行研究模型	自变量	判定系数变化
adj. M（Ⅲ）：0.32	M（Ⅲ）：0.124	*ACC*、*CFO*	0.196
adj. M（Ⅳ）：0.37	M（Ⅳ）：0.29	*BV*	0.29
adj. M（Ⅴ）：0.23	M（Ⅴ）：0.18	*BV*、*RI*	0.14
adj. M（Ⅵ）：0.27	M（Ⅵ）：0.35	*V*	0.22

总之，对修正的价值相关性研究模型与现行模型在系数拟合值和判定系数两方面的差异进行对比，得出了一致的结论：修正的价值相关性研究模型的系数拟合值优于现行模型，模型判定系数高于现行模型，说明采用理性股价变量进行会计信息价值相关性研究部分地排除了非有效市场因素对研究结论的影响，更符合价值相关性研究的理论逻辑——将股票价格视为内涵价值的最优估计，能更准确计量会计信息的价值相关性水平。

2. 会计信息价值相关性实证结果总结

既然本书已经证明修正价值相关性研究模型能更准确地评价会计信息的作用，本节就以修正模型的实证结果，结合我国已有价值相关性研究结论进行分析。

（1）会计信息具有较高的价值相关性。修正模型adj. M（Ⅰ）中，会计盈余（*E*）的系数为4.34且在1%水平下显著；可持续会计盈余（*PE*）和暂时性盈余（*TE*）、经营现金流（*CFO*）和应计利润（*ACC*）、账面净资产（*BV*）和剩余收益（*RI*）等变量的回归系数均显著，说明会计信息对股票价格具有显著的相关性。这与孙爱军、陈小悦（2005）的研究结论不同。孙、陈在将股票超额报酬与未预期盈余进行回归后发现，1995年样本回归系数居然为负值，为此他们认为会计信息的价值相关性极低。笔者认为，造成这种差异的原因正是资本市场噪音交易导致股票市价受到过多非理性因素的影响，使得股价与会计信息的关系被低估。

（2）资本市场存在“功能锁定”现象。在 M（Ⅱ）中，可持续会计盈余（*PE*）、暂时性盈余（*TE*）的回归系数均显著为正且二者的回归系数没有显著差异，表明资本市场并未对二者实施差异化定价，证明资本市场没有识别会计盈余的不同构成项目的差异，资本市场存在功能锁定现象。在 M（Ⅲ）中，经营现金流（*CFO*）和应计利润（*ACC*）的回归结果类似，二者回归系数均显著为正且无显著差异，表明资本市场并未对二者实施差异化定价，证明资本市场存在功能锁定现象。这与已有研究结论基本一致，例如 Wu DongHui（2003）[95] 发现，虽然现金流与应计利润的计价含量不同，但中国投资者低估了现金流而高估了应计利润。

（3）股票价格被严重高估。本书基于有效市场假说和资本资产定价模型并考虑市场系统风险因素，构建了理性股价变量并进行了计算。通过比较理性股价与股票市价可以看出，样本期内股票价格均值为 43.86 元、理性股价均值为 18.94 元，二者均值之差达 24.92 元，股票市价是理性股价的 2.32 倍。样本期内股票内涵价值均值 2.48 元，股票市价是内涵股价的 17.68 倍，说明我国资本市场中股票价格大大偏离其理性股价，股票价格被严重高估。

4.5　小结

第 3 章的理论与实证研究表明，现行价值相关性研究模型以资本市场有效为基本假设，存在低估会计信息价值相关性的偏差。本章构建修正的价值相关性研究模型并以实证数据证明其在评价会计信息价值相关性中的作用和优势，运用该修正模型对我国资本市场会计信息价值相关性予以评价。

修正的价值相关性研究模型肯定了资本市场处于弱式有效甚至无效状态这一现实并从交易操纵视角指出：应该改变现行价值相关性研究逻辑，从“股票价格→会计信息”拓展为“股票价格→内涵价值→会计信息”，以理性股价替代股票价格进行价值相关性回归分析。修正了资本市场无效对现行价值相关性研究模型的影响，将现实资本市场股票价格转换为虚拟有效市场中的理性股价，以该理性股价取代股票价格来表征内涵价值，弥补了现行价值相关性研究模型的不足。

继而，以中国资本市场数据对修正模型在评估会计信息价值相关性方面的优越性进行验证。对 6 组共 12 个修正模型和现行模型进行一一对应的比较分析，这 6 组模型囊括了价值相关性研究领域最经典、最具代表性的四类会计信息，分别是：会计盈余及其构成、经营现金流及应计利润、权益账面价值与剩余收益、股票内涵价值。比较结果如下：

（1）修正的价值相关性研究模型回归系数拟合值均优于其对应的现行模型而且在变量的显著性方面有所提高，表明运用修正价值相关性模型进行实证研究，能够更准确地反映会计信息的价值相关性。以经营现金流变量（*CFO*）为例，在修正价值相关性研究模型 adj. M（Ⅲ）中，*CFO* 的回归系数为 4. 561 且在 5% 水平下显著，而在现行价值相关性研究模型 M（Ⅲ）中，*CFO* 的回归系数为 3. 297 且显著性水平仅为 10%。adj. M（Ⅴ）中，的回归系数为 12. 56，比 M（Ⅴ）中 *BV* 的系数 27. 24 更接近于理论值 1，说明修正价值相关性模型能更准确计量会计信息的价值相关性水平。（2）所有修正模型的判定系数均高于现行模型，证明了修正模型的必要性和效率性。6 组模型中判定系数变化最大的是 adj. M（Ⅳ），其判定系数几乎达到了 M（Ⅳ）的 5 倍，其余模型判定系数也有同样的变化，表明修正价值相关性研究模型更好地拟合了样本数据，运用该模型能更好地反映会计变量对股票价格的解释度。

因此，可以得出结论：修正的价值相关性研究模型的系数拟合值优于现行模型，模型判定系数高于现行模型，说明采用理性股价变量进行会计信息价值相关性研究部分地排除了非有效市场因素对研究结论的影响，更符合价值相关性研究的理论逻辑，能更准确计量会计信息的价值相关性水平。

最后，以修正价值相关性研究模型的实证结果，对我国资本市场中会计信息的价值相关性进行分析。得出了三个结论：①会计信息具有较高的价值相关性。修正价值相关性模型中，会计盈余（*E*）、可持续会计盈余（*PE*）和暂时性盈余（*TE*）、经营现金流（*CFO*）和应计利润（*ACC*）、账面净资产（*BV*）和剩余收益（*RI*）等变量的回归系数均显著为正。②资本市场存在功能锁定现象。虽然可持续会计盈余（*PE*）和暂时性盈余（*TE*）、经营现金流（*CFO*）和应计利润（*ACC*）的计价涵义不同，但这些变量对股价的影响没有显著差异，说明资本市场并未对其进行差别定价。③我国资本市场中股票价格大大偏离其内涵价值和理性股价，股票价格被严重高估。

基于会计信息价值相关性揭示交易操纵者行为特征

本章从会计信息价值相关性的视角，运用修正的价值相关性研究模型，对我国资本市场中交易操纵者的行为特征进行研究。

理论上讲，在整个操纵过程中，操纵者必须保证其对股票价格的主导能力。这要求操纵者具备对资本市场信息的敏锐性和洞察力。这就意味着，操纵者至少具备三方面特征：①操纵者具备先于资本市场其他交易者获取信息的优势；②操纵者能够正确理解信息的定价含义。③即便操纵者具备提前获取信息和理解信息的能力，但其交易却不以套利为目的。本章从三方面对我国资本市场中交易操纵者的上述行为特征进行假设检验：①通过观察操纵者在盈余公告前后的交易行为及其对会计信息价值相关性的影响，考察其是否具备获取私人信息的能力？②通过验证操纵者对具有不同定价含义的会计信息是否产生不同的反应，考察其是否具备处理和理解信息的能力？③通过观察交易操纵与股票定价偏差的关系，揭示操纵者利用会计信息的方式。

5.1　交易操纵者获取信息的优势分析：基于盈余公告的市场反应

交易操纵者与个人投资者相比，拥有更雄厚的资金实力、更丰富的信息获取渠道、更强大的信息获取能力、交易操纵者可以凭借自身的信息获取和分析优势，以及专业化的水平，事先透析上市公司的会计信息。本节分析会计盈余公告市场反应与交易操纵者持股的关系、会计盈余公告短期窗口内操纵者交易量的变化两方面，讨论交易操纵者获取信息的优势。

5.1.1　假设的提出

若交易操纵者先于资本市场其他投资者获得一些内部信息，那么操纵者一定会利用这些信息提前交易，其交易量增加。但一旦该信息正式披露，其他投资者开始利用公开的信息进行交易时，操纵者的交易反而会减少。

从“会计盈余公告市场反应”视角来看，如果操纵者先于资本市场其他投资者获取会计盈余内部信息，就会在上市公司公布盈余信息前，根据内部信息进行交易，使得股票价格在公告前提前反映了会计盈余，造成了资本市场中股价领先于会计信息（Prices lead earnings）[77]的现象。因此，在会计盈余公告前，操纵者交易量将增加；而在盈余公告后，操纵者交易量将下降。由此本书提出以下假设：

H_3：盈余公告前，操纵者交易量增加；

H_4：盈余公告后，操纵者交易量下降。

既然操纵者在会计盈余公告前进行交易，那么操纵者交易量越大，股票价格越能提前反映会计信息，意味着会计盈余与提前期的股价相关性越大。反之，操纵者交易量越小，意味着个股的交易主体以散户投资者为主。散户投资者由于在信息获取能力和渠道上处于劣势，主要信息来源于上市公司盈余公告，所以，交易操纵量越小的公司，会计盈余引起的市场反应越大。换言之，交易操纵量越小，会计盈余与公告后股票价格相关性越高。

由此本书提出以下假设：

H_5：盈余公告前操纵者交易比例越高，会计盈余与公告前股价相关性越大；

H_6：盈余公告前操纵者交易比例越低，会计盈余与公告后股价相关性越大；

下一小节对上述四个假设进行实证检验。

5.1.2 研究设计与数据来源

1. 研究设计

上述四个假设从操纵者交易量与会计盈余的关系、操纵者交易量与公告日前后会计盈余价值相关性两方面研究操纵者是否能先于资本市场其他投资者获取会计信息。为验证上述四个假设，首先定义了“操纵者交易量”变量。然后选择盈余公告前和盈余公告后各 10 个交易日为研究窗口期（-10，10），其中，（-10，0）表示盈余公告前的研究时间窗，（0，10）表示盈余公告后的研究时间窗。观察窗口期内操纵者交易量的变化，验证 H_3 和 H_4。若盈余公告前，操纵者交易量有显著的上升趋势，而在盈余公告后呈回落状态，则表明操纵者早于会计盈余公告进行交易，H_3 和 H_4 被证实。

采用分组比较的方法验证 H_5 和 H_6：将样本公司按操纵者交易比例升序分为 4 组（分别为 QE_1—QE_4），QE_1 由操纵者交易比例最小的四分之一家公司组成，QE_4 由操纵者交易比例最大的四分之一家公司组成。然后逐年将 QE_1 和 QE_4 组成两组研究样本，运用修正的价值相关性研究模型 adj. M（Ⅰ）分别对这两组研究样本进行回归分析，比较两组研究样本在模型判定系数和系数拟合值方面的差异。时间窗口选择盈余公告前后各 10 个交易日，时间窗口选择同上，在此不赘述。分组比较的结果，若 QE_1 和 QE_4 组公司会计盈余价值相关性有显著差异且（-10，0）期内 QE_1 小于 QE_4，则 H_5 被证实；若 QE_1 和 QE_4 组公司会计盈余价值相关性有显著差异且（0，10）期内 QE_1 大于 QE_4，则 H_4 被证实。

2. 数据来源及样本选择

进行实证研究的关键在于：如何界定操纵者交易量这一变量。虽然在本书第 3 章的实证研究里，笔者以被证监会处罚的案例作为股价被操纵样本（共 22 个样本），但这并不表示资本市场中只存在 22 个被操纵的公司。恰恰相反，无论是理论研究还是直观感受，都知道我国资本市场中普遍存在着交易操纵，被查处的案例仅仅是其中影响最为恶劣的一小部分。可以说，交易操纵是我国市场中对股票价格最直接且影响最大的因素之一。既然如此，仅以被证监会处罚的操纵案例为样本，难以体现操纵广泛存在于市场中这一事实，因此有必要选取一个更能体现和描述操纵者交易行为的变量。

由于交易操纵者获取操纵收益的前提是操纵者可以通过控制股票的供求关系操纵股票价格，因此，毫无疑问，交易操纵者必定是拥有雄厚资金实力的交易操纵者，其交易具有资金量较大的特点。为准确追寻操纵者的操纵轨迹，本书基于国泰安信息技术有限公司开发的 CSMAR 数据库之《中国股票市场大笔交易数据库》中的“大笔交易”信息定义操纵者交易变量。该数据库对大笔交易的定义是：单笔交易量超过 100000 股的 A 股交易。本书假定，所有大笔交易均为操纵者交易。

实证样本的选择与本书第 4 章保持一致，即：

（1）样本期间为 2003 年 9 月至 2009 年 12 月。

（2）由于利用 F—O 模型计算公司内涵价值需要尽量获得较长期的会计信息时间序列以提高内涵价值计算的精确度，所以本书要求样本公司在 2003 年 9 月之前至少有 10 年会计信息时间序列。这样，样本总体被确定为 1993 年 12 月 31 日前在深圳证券交易所上市的公司。

（3）样本公司为 A 股非金融类公司上市公司。

（4）剔除了 3 家内涵价值为负值的公司。

（5）回归的时间窗口为样本公司年报公布前后连续 10 个交易日。

最后选择了 58 家公司 3400 个公司/年度面板数据。所需数据主要来源于上市公司历年的年报、公告以及国泰安 CSMAR 数据库。样本公司描述性统计见 4.4.1。

5.1.3 实证结果及分析

1. 验证 H_3 和 H_4

首先，以大笔交易表示操纵者交易量定义了“操纵者交易量占比”变量（$Ptm_{j,t}$），然后计算整个交易年度内 $Ptm_{j,n}$ 的均值，以 $\bar{P}tm_j$ 表示；然后以 $Ptm_{j,n}$ 与 $\bar{P}tm_j$ 之差表示 交易操纵者基于盈余公告的交易量 $P'tm_{j,n}$，（-10，10）窗口期内 $P'tm_{j,n}$ 的变化。

操纵者交易变量定义如下：

$$P'tm_{j,n} = Ptm_{j,n} - \bar{P}tm_{j,n} \qquad (5-1)$$

其中：$Ptm_{j,n} = \dfrac{Qbuy_{j,n} + Qsell_{j,n}}{2Q_{j,n}}$；$\bar{P}tm_j = \sum_{n=1}^{N} Ptm_{j,n} \Big/ N$

式中：

$P'tm_{j,n}$——j 公司 n 交易日操纵者基于盈余信息的交易量占比；

$Ptm_{j,n}$——j 公司 n 交易日操纵者交易量占比；

$Qbuy_{j,n}$——j 公司 n 交易日操纵者主买量；

$Qsell_{j,n}$——j 公司 n 交易日操纵者主卖量；

$Q_{j,n}$——j 公司 n 交易日股票交易总量；

$\bar{P}tm_j$——j 公司当年操纵者交易量占比均值，N 表示当年 j 公司股票交易天数。

然后，对样本公司在 2004—2009 年度盈余公告前和盈余公告后各 10 个交易日的操纵者交易变量进行整理，若在此期间没有发生操纵者交易，则取值为 0。

表 5－1 列示了描述性统计结果。

表 5－1　　操纵者交易变量描述性统计结果

统计量		$P'tm_{j,n}$	$Ptm_{j,n}$	$\bar{P}tm_{j,n}$
N		3400	3400	340
Mean（%）		10.354	2.557	7.797
Varience（%）		7.093	4.961	6.411
Median（%）		11.464	2.081	8.947
Percentiles	25	6.338	1.004	4.608
（%）	75	9.620	3.248	8.519

通过分析描述性统计结果可以看出，首先，由于我国资本市场以散户为主的投资者结构，所以大笔交易量平均占比较低，均值仅为2.557%，但是大笔交易量的方差却相对较高，为4.961%，说明操纵者对个股的关注度存在较大差异。其次，操纵者在盈余公告的前后10个交易日内日均交易量大大高于均值。统计显示，操纵者在盈余公告的前后10个交易日内日均交易量均值达到10.354%，达大笔交易量平均占比2.557%的4倍之多；基于盈余公告的交易操纵量均值达7.797%，为大笔交易量平均占比的3倍，说明操纵者确实利用会计信息进行交易，也表明交易操纵者往往选择信息发布日附近进行操纵，基于交易的操纵往往与基于信息的操纵相结合。这样既有利于掩盖交易操纵也提高了交易操纵成功的可能性。

图5-1显示了样本期内会计盈余信息公布前后10个交易日操纵者基于会计盈余公告的交易量占比（$P'tm_{j,n}$）的变化趋势。

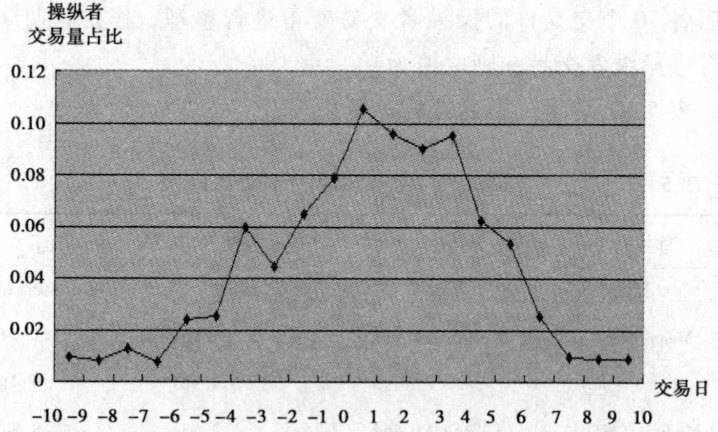

图5-1 会计盈余公告与操纵者基于盈余公告的交易量占比图

从图5-1中可以看出：①盈余宣告前，操纵者交易量有显著的上升趋势，尤其从盈余公告前第 4 个交易日开始，操纵者交易量开始有较大幅度的上升，这说明交易操纵者提前获得了相关信息并据此进行决策，表明交易操纵者具有信息获取优势并进行交易。②操纵者交易量在公告当日达到最大值并在随后的三个交易日内保持较高比例，表明操纵者交易最活跃的时期出现在盈余公告前 4 个交易日至公告后的三个交易日（-4—3），这说明交易操纵者虽然具有信息优势，但是这些非公开的信息并不能完全取代对外公开宣告的盈余信息，部分交易操纵者对其私人信息仍持较谨慎的态度。③在公告三个交易日后，操纵者交易量占总交易量比重显著下降。

总之，在盈余公告前后（-10，10）的窗口期内，操纵者交易量均较平时有所增加。尤其在（-6，0）时间窗口内，操纵者基于盈余公告的交易量上升且增幅明显，至盈余公告当日达到顶点后开始以较快的速度回落，到盈余公告 6 日后基本维持较低水平。实证结果证实了 H_3 和 H_4，即：盈余公告前，操纵者交易量增加；盈余公告后，操纵者交易量下降。

2. 验证 H_5 和 H_6

运用修正的价值相关性研究模型 adj. M（Ⅰ），对样本公司会计盈余的价值相关性进行比较。首先，按操纵者交易比例由小到大将样本公司分为 4 组（分别为 QE_1—QE_4），QE_1 由操纵者交易比例最小的 1/4 家公司组成，QE_4 由操纵者交易比例最大的 1/4 家公司组成。然后逐年将 QE_1 和 QE_4 组成两组研究样本，运用修正的价值相关性研究模型 adj. M（Ⅰ）分别对这两组研究样本进行回归分析，比较两组研究样本在模型判定系数和系数拟合值方面的差异。时间窗口选择盈余公告前后各 10 个交易日（-10，10），其中（-10，0）表示盈余公告前的研究时间窗，（0，10）表示盈余公告后的研究时间窗。

根据 H_5：盈余公告前操纵者交易比例越高，会计盈余与公告前股价相关性越大；若上述假设成立，则：在（-10，0）时间窗内，操纵者交易比例较高的样本 QE_4 会计盈余的价值相关性高于 QE_1 样本，即：QE_4 回归系数拟合值与方程判定系数均高于 QE_1。反之，若 H_5 不成立，则 QE_4 与 QE_1 的回归结果无区别。表 5-2 列示了 QE_4 与 QE_1 的回归结果。

表 5-2　盈余公告前（-10，0）QE_1、QE_4 回归结果比较表

组别	α	$adjR^2$
QE_1	1.09** (2.33)	0.12
QE_4	2.88** (2.94)	0.26

注：①** 表示 5% 水平下显著。②括号中的数据为 t 值。

从表 5-2 可以看出，在盈余信息公布前的 10 个交易日中，操纵者交易比例高的公司（QE_4）与操纵者交易比例低的公司（QE_1）相比，回归系数的绝对值明显不同，操纵者持股比例高的公司（QE_4）具有明显较高的系数拟合值；而且，QE_4 样本的模型判定系数为 0.26，远高于 QE_1 样本的模型判定系数 0.12。这说明 QE_1 和 QE_4 两组样本在盈余公告前股票价格与会计盈余的相关性不同。操纵者交易比例高（低）的公司，会计盈余的价值相关性较高（低）。**H_5 被证实，即：盈余公告前操纵者交易比例越高，会计盈余与公告前股价相关性越大；**

根据 H_6：盈余公告前操纵者交易比例越低，会计盈余与公告后股价相关性越大；若该假设成立，则：在（0，10）时间窗内，操纵者交易比例较高的样本 QE_4 会计盈余的价值相关性低于 QE_1 样本，即：QE_1 回归系数拟合值与方程判定系数均高于 QE_4，这与盈余公告前的结果相反。表 5-3 列示了 QE_4 与 QE_1

的回归结果。

表5-3　盈余公告后（0，10）QE_1、QE_4 回归结果比较表

组别	α	adjR²
QE_1	2.41** （2.67）	0.21
QE_4	0.87** （2.24）	0.09

注：①**表示5%水平下显著。②括号中的数据为t值。

从表5-3可以看出，在盈余信息公布后的10个交易日中，操纵者交易比例高的公司（QE_4）与操纵者交易比例低的公司（QE_1）相比，回归系数的绝对值明显不同，操纵者持股比例低的公司（QE_1）具有明显较高的系数拟合值；而且，QE_1 样本的模型判定系数为0.21，远高于 QE_1 样本的模型判定系数0.09。这说明 QE_1 和 QE_4 两组样本在盈余公告前股票价格与会计盈余的相关性不同。盈余公告前操纵者交易比例高（低）的公司，盈余公告后会计盈余的价值相关性较低（高）。**H_6 被证实，即：盈余公告前操纵者交易比例越高，会计盈余与公告后股价相关性越大。**

H_5 和 H_6 的检验结果说明：由于交易操纵者能够在盈余公告前就获得相关信息，因此可以在盈余公告前及时调整投资行为，这样随着时间的推移，在上市公司年度盈余信息公布之后，交易操纵者已经逐渐平息了针对盈余信息展开的投资决策调整。与之对应，个人投资者由于在盈余公告前获取信息的优势有限，其对于投资行为的调整主要还是依靠上市公司对外公布的盈余信息，或者是观察交易操纵者的投资行为，因此，这一部分投资群体为主要投资力量的上市公司的市场波动会滞后于交易操纵者持股高的上市公司，主要发生在盈余信息公布之后，于是形成盈余信息公布前后，交易操纵者高持股公司和交易操纵者低持股公司市场反应的差异和变化。

总之，H_3 和 H_4 被证实，说明操纵者在会计盈余公告前 10 个交易日就开始根据其私人信息进行交易，盈余公告前 6 个交易日开始交易量大幅增加，而在盈余公告后操纵者交易量大幅萎缩；H_5 和 H_6 被证实，说明操纵者交易比例越高，会计信息越反映在盈余公告前的股价中。这四个假设从交易量和会计信息价值相关性两方面证明了交易操纵者早于资本市场其他投资者获取信息的优势。

5.2 交易操纵者理解信息的能力分析：基于资本市场“功能锁定”

“功能锁定”（Functional Fixation）的概念源自心理学领域的研究，在资本市场研究中，“功能锁定”特指投资者在进行投资决策时往往锁定于某种特定信息的表面现象，不能充分理解有关信息并作出错误的投资决策，“功能锁定”是一种非理性行为。

本书在第 4 章的实证研究中发现我国资本市场整体存在功能锁定现象。然而，由于交易操纵者具有专业的分析团队，具有较高的理解信息能力，所以操纵者应该能够正确地理解和处理，不会出现功能锁定特征。本节从交易操纵者是否存在“功能锁定”的视角讨论交易操纵者理解信息的能力。

5.2.1 假设的提出

以会计盈余为例，功能锁定表现在两方面：一是会计盈余由可持续盈余和暂时性盈余构成，二者具有不同的信息含量，但资本市场只注意到名义上的盈余数字而不能区别可持续盈余和暂时性盈余的差别，导致可持续盈余和暂时性盈余的信息价值相关性没有显著差异；二是会计盈余是由经营现金流（CFO）和应计利润（ACC）两部分构成，但是资本市场只注意到名义上的盈余数字而不能区别经营现金流和应计利润的差异，不能对二者进行差别定价。“功能锁定”现象是由于投资者不具备正确理解信息的能力而表现出的非理性行为。Hand（1990）发现，主要是个人投资者存在“功能锁定”现象，而机构投资者不存在“功能锁定”问题。本书在第四章中，运用修正的价值相关性研究模型［adj. M（Ⅱ）］讨论了暂时性盈余（PE）与可持续盈余（TE）的价值相关性，结果发现中国资本市场存在功能锁定现象。运用修正的价值相关性研究模型［adj. M（Ⅲ）］讨论经营现金流（CFO）和应计利润（ACC）的价值相关性，也得出了同样的结论。既然 Hand（1990）认为美国资本市场中主要是个人投资者存在“功能锁定”现象而交易操纵者大多是机构投资者，所以交易操纵者应该不存在“功能锁定”，所以本节以暂时性盈余（PE）与可持续盈余（TE）的价值相关性以及经营现金流（CFO）和应计利润（ACC）的价值相关性对此进行实证检验。

由于交易操纵者具备专业分析团队和分析工具，交易操纵者具有的财务分析能力足以让其识别暂时性盈余（PE）与可持续盈余（TE）以及经营现金流（CFO）和应计利润（ACC）的差别。所以，操纵者应该偏好可持续盈余和经营现金流占比重较大的公司。据此，提出以下假设：

H_7：可持续盈余和经营现金流占会计盈余的比重越大，操纵者交易量比例越大。

H_8：暂时性盈余和应计利润占会计盈余的比重越大，操纵者交易量比例越小。

从会计信息价值相关性视角，既然操纵者能够识别暂时性盈余（PE）与可持续盈余（TE）、经营现金流（CFO）和应计利润（ACC）的差别，那么操纵者交易量占比较高的公司，其股票价格就能反映这种差异，这就意味着可持续盈余（TE）和经营现金流与股票价格的相关性应分别高于暂时性盈余（PE）和应计利润（ACC）与股票价格的相关性。据此，提出以下假设：

H_9：操纵者交易量较大的公司，可持续盈余的价值相关性较高。

H_{10}：操纵者交易量较大的公司，经营现金流的价值相关性较高。

5.2.2 研究设计与数据来源

1. 研究设计

上述四个假设从操纵者交易量与不同会计变量的关系和操纵者交易量与不同会计变量的价值相关性两方面研究操纵者是否具有识别会计信息的能力。为验证上述四个假设，首先采用5.1节"操纵者交易量"的定义（见5－1式），选择盈余公告前后各10个交易日（－10，10）为窗口进行研究。

为验证 H_7 和 H_8，将所有样本公司按可持续盈余占当期会计利润的比重（PE/E）从小到大将所有样本分为5组（分别为 $Q_{PE}1$ － $Q_{PE}5$），然后再按经营现金流占当期会计利润的比重（CFO/E）（分别为 $Q_{CFO}1$ － $Q_{CFO}5$），这样就将样本数据分成了5×5组，对这些小组所对应的操纵者交易占比变量进行比较。

为验证 H_9，运用修正的价值相关性研究模型，在前后各10

个交易日（-10，10）的时间窗内对样本公司可持续盈余的价值相关性进行分组评价。分组方法同5.1节，即按操纵者交易比例由小到大将样本公司分为4组（分别为QE_1—QE_4）。若H_9成立，则QE_4样本中可持续盈余回归系数应高于QE_1。

同理，为验证H_{10}，运用修正的价值相关性研究模型，在前后各10个交易日（-10，10）的时间窗内对样本公司可经营现金流的价值相关性进行分组评价。分组方法同5.1节，即按操纵者交易比例由小到大将样本公司分为4组（分别为QE_1—QE_4）。若H_{10}成立，则QE_4样本中经营现金流的回归系数应高于QE_1。

2. 数据来源及样本选择

样本选择和数据来源同5.1.2。

5.2.3　实证结果及分析

1. 验证H_7和H_8

首先将所有样本公司按可持续盈余占当期会计利润的比重（PE/E）从小到大将所有样本分为5组（分别为$Q_{PE}1-Q_{PE}5$），然后再按经营现金流占当期会计利润的比重（CFO/E）从小到大将所有样本分为5组（分别为$Q_{CFO}1-Q_{CFO}5$），这样就将样本数据分成了5×5组，$Q_{PE}1/Q_{CFO}1$表示可持续盈余和经营现金流均最小的样本组合，$Q_{PE}5/Q_{CFO}5$表示可持续盈余和经营现金流均最大的样本组合。如果H_7成立，那么：操纵者对$Q_{PE}5$样本的交易量将高于$Q_{PE}1$样本；如果H_8成立，那么：操纵者对$Q_{CFO}5$样本的交易量将高于$Q_{CFO}1$样本；进一步，如果H_7和H_8均成立，则操纵者对$Q_{PE}5/Q_{CFO}5$样本的交易量将高于$Q_{PE}1/Q_{CFO}1$样本。

表5-4列示了分组比较结果。表中每一行的数据反映了相

同可持续盈余占比水平下，交易操纵者基于不同的经营现金流的交易量变化情况，最后一行则表示在相同的经营现金流水平下，可持续盈余最大子样本与最小子样本之间交易操纵量的差异及其显著性水平，括号中为 t 检验值。表中每一列的数据反映了相同经营现金流占比水平下，交易操纵者基于不同的可持续盈余的交易量变化情况。$Q_{PE}1/Q_{CFO}1$ 表示可持续盈余和经营现金流均最小的样本组合，$Q_{PE}5/Q_{CFO}5$ 表示可持续盈余和经营现金流均最大的样本组合。最后一列则表示在相同的可持续盈余水平下，经营现金流最大子样本与最小子样本之间交易操纵量的差异及其显著性水平，括号中为 t 检验值。

表 5－4　　操纵者交易占比（$Ptm_{j,t}$）分组比较表

组别	$Q_{CFO}5$	$Q_{CFO}4$	$Q_{CFO}3$	$Q_{CFO}2$	$Q_{CFO}1$	$Q_{CFO}5-Q_{CFO}1$
$Q_{PE}1$	0.19	0.10	0.11	0.05	0.01	0.18** (2.716)
$Q_{PE}2$	0.18	0.13	0.17	-0.09	0.03	0.15* (1.699)
$Q_{PE}3$	0.27	0.12	0.16	0.08	0.02	0.25* (1.734)
$Q_{PE}4$	0.26	0.22	0.07	-0.02	0.12	0.14 (0.982)
$Q_{PE}5$	0.31	0.21	0.29	0.11	0.06	0.25** (3.050)
$Q_{PE}5-Q_{PE}1$	0.12*** (2.707)	0.11*** (3.218)	0.18*** (2.957)	0.06*** (3.242)	0.07*** (4.162)	0.32*** (2.844)

注：①* 表示 10% 水平下显著；** 表示 5% 水平下显著；*** 表示 1% 水平下显著。②括号中的数据为 t 值。

比较每一列的数据可以看出，在相同的经营现金流水平下，操纵者交易量随样本公司可持续盈余增加而呈现递增趋势，例如：在 $Q_{CFO}5$ 分组样本中，$Q_{PE}1/Q_{CFO}5$ 子样本操纵者交易量为0.19，而 $Q_{PE}5/Q_{CFO}5$ 子样本操纵者交易量为达0.31，二者相差0.12且在1%水平下显著。其余各列也能得出相似的结果，说明可持续盈余越大，操纵者交易量越大，证实了 H_7。

比较每一行的数据可以看出，在相同的可持续盈余水平下，操纵者交易量随样本公司经营现金流减少而呈现递减趋势，例如：在 $Q_{PE}1$ 分组样本中，$Q_{PE}1/Q_{CFO}5$ 子样本操纵者交易量为0.19，而 $Q_{PE}1/Q_{CFO}1$ 子样本操纵者交易量为仅0.01，二者相差0.18且在5%水平下显著。其余各行也能得出相似的结果，说明经营现金流越大，操纵者交易量越大，证实了 H_8。

比较 $Q_{PE}1/Q_{CFO}1$ 和 $Q_{PE}5/Q_{CFO}5$ 的操纵者交易量可以看出，可持续盈余和经营现金流均最小的样本组合 $Q_{PE}1/Q_{CFO}1$，操纵者交易量仅为0.01；而可持续盈余和经营现金流均最大的样本组合 $Q_{PE}5/Q_{CFO}5$，操纵者交易量高达0.31，进一步证实了 H_7 和 H_8。

2. 对 H_9 和 H_{10} 进行验证

为了比较可持续盈余和暂时性盈余以及经营现金流和应计利润这两组配对指标在交易操纵者决策过程中的作用，采用按操纵者交易比例分组法和修正的价值相关性研究模型对此进行实证研究。下面分别进行阐述：

根据 H_9：操纵者交易量较大的公司，可持续盈余的价值相关性较高；若上述假设成立，则：在（-10，10）时间窗内，操纵者交易比例较高的样本 QE_4 中可持续会计盈余的价值相关性高于 QE_1 样本，即：QE_4 回归系数拟合值与方程判定系数均高于 QE_1。反之，若 H_9 不成立，则 QE_4 与 QE_1 的回归结果无区别。采用修正价值相关性研究的通用模型进行回归分析，方程表达式如下：

$$P_{j,t}^{V} = \alpha_1 + \alpha_2 PE_{j,t} + \varepsilon \tag{5-2}$$

式中：$P_{j,t}^{V}$——j 公司 t 期理性股价；

$PE_{j,t}$——j 公司 t 期营业利润总额。

表 5-5 列示了 QE_4 与 QE_1 的回归结果。

表 5-5　　可持续盈余价值相关性回归结果比较表

组别	α	$adjR^2$
QE_1	1.74 ** (3.03)	0.13
QE_4	2.56 ** (2.82)	0.28

注：① ** 表示 5% 水平下显著。②括号中的数据为 t 值。

从表 5-5 可以看出，在盈余信息公布窗口期的 20 个交易日中，操纵者交易比例高的公司（QE_4）与操纵者交易比例低的公司（QE_1）相比，回归系数明显不同，操纵者持股比例高的公司（QE_4）具有明显较高的系数拟合值；而且，QE_4 样本的模型判定系数为 0.28，远高于 QE_1 样本的模型判定系数 0.13。这说明 QE_1 和 QE_4 两组样本可持续盈余的相关性不同。操纵者交易比例高（低）的公司，可持续会计盈余的价值相关性较高（低）。**H_9 被证实，即：操纵者交易比例越高，可持续盈余与股价相关性越大。**

根据 H_{10}：操纵者交易量较大的公司，经营现金流的价值相关性较高；若上述假设成立，则：在（-10，10）时间窗内，操纵者交易比例较高的样本 QE_4 中经营现金流的价值相关性高于 QE_1 样本，即：QE_4 回归系数拟合值与方程判定系数均高于 QE_1。反之，若 H_{10} 不成立，则 QE_4 与 QE_1 的回归结果无区别。为突出经营现金流的影响，采用修正价值相关性研究的通用模型进行回归分析，方程表达式如下：

$$P^{V}_{j,t} = \alpha_1 + \alpha_2 CFO_{j,t} + \varepsilon \qquad (5-3)$$

式中：$CFO_{j,t}$——j 公司 t 期经营现金流。

表 5-6 列示了 QE_4 与 QE_1 的回归结果。

表 5-6　　经营现金流价值相关性回归结果比较表

组别	α	$adjR^2$
QE_1	1.15** (2.985)	0.12
QE_4	2.03** (2.272)	0.25

注：①** 表示 5% 水平下显著。②括号中的数据为 t 值。

从表 5-6 可以看出，在盈余信息公布窗口期的 20 个交易日中，操纵者交易比例高的公司（QE_4）与操纵者交易比例低的公司（QE_1）相比，回归系数明显不同，操纵者持股比例高的公司（QE_4）具有明显较高的系数拟合值；而且，QE_4 样本的模型判定系数为 0.28，远高于 QE_1 样本的模型判定系数 0.13。这说明 QE_1 和 QE_4 两组样本经营现金流的相关性不同。操纵者交易比例高（低）的公司，可持续会计盈余的价值相关性较高（低）。**H_{10} 被证实，即：操纵者交易比例越高，经营现金流与股价相关性越大。**

总之，H_7 和 H_8 被证实，说明操纵者偏好可持续盈余和经营现金流占比较大这类会计盈余质量较高的公司；H_9 和 H_{10} 被证实，说明操纵者交易比例越高，可持续盈余和经营现金流的价值相关性越高。H_7、H_8、H_9 和 H_{10} 的实证结果表明，交易操纵者在识别会计信息方面不存在“功能锁定”现象，结合第四章关于资本市场整体存在“功能锁定”现象的结论，说明交易操纵者在信息理解方面优于其他投资者。

5.3 交易操纵者运用信息的方式分析：基于理性套利

5.1 和 5.2 节研究结论表明，我国资本市场中的操纵者既具备先于市场其他投资者获取私人信息的能力，也能够识别不同会计信息差别化的定价含义。从这两方面来看，操纵者已经具备了理性投资者的特征，应该从事理性套利行为来获利。显然，操纵者并未进行套利交易，本节基于股票定价与理性套利视角分析操纵者如何利用其获取和识别的会计信息并对此进行理论分析。

5.3.1 假设的提出

前人研究表明，资本市场中各种非理性因素使得证券价格往往长期背离其内涵价值，不符合价值规律的基本原理。在这样的市场环境中，价值投资和套利交易面临的市场风险加剧，套利交易往往难以实现预期收益。相反，巨大的噪音交易却为交易操纵提供了有利的市场条件。此时，拥有信息获取和理解能力的理性投资者将理性地选择“非套利交易”，他们通过制造噪音、引诱散户投资者非理性交易而获利，这也就是交易操纵存在的根本原因。

本章的前两节里，笔者已经讨论并验证了如下结论：首先，交易操纵者能够先于资本市场其他投资者获取会计信息；其次，操纵者能够区别不同会计信息的差异。显然，交易操纵者满足理性投资者的条件。然而，操纵者会选择套利交易，发挥理性投资者所固有的发现价值、稳定市场的功能吗？根据理论分析的结果，答案显示是否定的。我国不完善的市场监管和非理性的投资环境加剧了套利交易的风险并导致操纵者改变其交易策略。本节运用实证数据，基于修正的会计信息价值相关性研究方法，从理性套利交易的视角讨论操纵者如何运用其获取和理解的会计信息。

为简单明了地反映交易操纵者是否进行套利交易，笔者采用本书提出的修正的会计信息价值相关性研究方法，计算个股理性股价。在此基础上，构建了一个能直接衡量资本市场定价效率的变量——理性股价与股票价格之比（P^V/P），这一变量还可以看作是会计信息价值相关性的最通用的表达。因为理性股价 P^V 是根据会计信息计算得来的，它体现了诸多会计信息的综合意义；而股票价格是市场定价的结果，按照价值相关性的定义（“会计信息与股票价格之间的相关度”），理性股价与股票价格的相关性就可以综合地反映所有会计信息的价值相关性。显然，P^V/P 指标的值有两层经济含义：其一，表示会计信息价值相关性的大小，P^V/P 越接近于 1，表明会计信息价值相关性越高；其二，表示资本市场定价效率，P^V/P 越接近于 1，表明资本市场的定价效率越高。所以，笔者可以通过考察操纵者交易行为与股票理性股价与股票价格之比（P^V/P）的关系，验证交易操纵者的市场作用以及操纵者交易对会计信息价值相关性的影响。由于交易操纵者具有较强的信息获取及处理能力（Walther，1997；Bartov 等 2000）[207-208]，能够相对准确地判断股票的理性股价及理性价格，发现市场套利机会。若交易操纵者是理性套利者，当股票价格低于理性价格时，交易操纵者将买入该股票；而当股价高于理性价格时，交易操纵者将抛售该股票。为此，提出以下假设：

H_{11}：当 P^V/P 大于 1 时，操纵者买入量大于卖出量；

H_{12}：当 P^V/P 小于 1 时，操纵者卖出量大于买入量。

5.3.2 研究设计与数据来源

1. 研究设计

为了验证 H_{11} 和 H_{12}，以“P^V/P 是否大于 1”为标准，将样本分成“股价被低估”和“股价被高估”两个子样本，分别比较“交易操纵者主买量比例”与“交易操纵者主卖量比例”的大小。为此，分别定义变量如下：

$Pbuy_{j,n}$——交易操纵者主买量比例：n 交易日操纵者对 j 公司股票主买量占当日大笔交易总量之比；

$Psell_{j,n}$——交易操纵者主卖量比例：n 交易日操纵者对 j 公司股票主卖量占当日大笔交易总量之比。

2. 数据来源及样本选择

样本选择和数据来源同 5.1.2。

5.3.3 实证结果及分析

实证检验结果见表 5－7。

表 5－7　　操纵者交易检验结果

子样本	原假设	$Pbuy_{j,n}$		$Psell_{j,n}$		T 统计量
		均值	标准差	均值	标准差	
“股价被低估”子样本	$Pbuy_{j,n} > Psell_{j,n}$	0.51	0.29	0.49	0.33	48.86***
“股价被高估”子样本	$Pbuy_{j,n} < Psell_{j,n}$	0.51	0.37	0.49	0.34	44.72***

注：*** 表示在 1% 显著性水平下拒绝原假设。

可见，两个子样本的 T 检验均在 1% 的显著性水平下拒绝原假设 H_{11} 和 H_{12}。也就是说，当股价被低估时，交易操纵者主买量比例与主卖量比例没有明显差异，交易操纵者未表现出买入被低估股票的偏好。同样，当股价被高估时，交易操纵者也未表现出抛售该股票的偏好。这说明我国交易操纵者不是理性的套利交易者。由于交易操纵者大多是机构投资者，所以这一结论也适用于分析我国机构投资者的行为特征。

结合对 H_1 到 H_{12} 这 10 个假设的检验结果可以看出：虽然交易操纵者（机构投资者）在会计信息获取和信息理解方面具有优势，能够识别不同会计信息的差异而且交易操纵者（机构投资者）也利用这种信息优势进行交易，但操纵者交易（机构投资者）使用该会计信息并非以理性套利为目的，其交易并未提升资本市场定价效率。

表面上看，上述关于操纵者（机构投资者）获取和识别会计信息的优势与其运用会计信息的方式的研究结论似乎是一个悖论：既然交易操纵者（机构投资者）在信息获取和处理方面具有显著优势，而且显然具备发现股票错误定价的能力，但其交易为何不具备套利交易的特征？对此，不妨结合 DSSW 理论对弱式有效市场交易操纵存在性的分析来解释这一现象：当资本市场中存在大量噪音交易者时，理性投资者（机构投资者）面临巨大的噪音交易风险；若该资本市场同时具有强烈的跟风交易氛围，而该理性投资者又具有资金优势，那么该投资者的理性投资行为不是套利交易而是实施股价操纵，我国资本市场中机构投资者就面临这样的市场环境，所以其理性地选择交易操纵而非套利行为。由此可见，保证机构投资者发挥其稳定市场、发现价值等积极的市场作用的前提和保证是提升市场整体理性而实现这一目标的最优方式就是大力发展机构投资者、逐步降低散户投资者比重。对此，蔡庆丰、宋勇友（2010）的研究对解释本章的实证研究结果具有借鉴意义。蔡庆丰、宋勇友（2010）[157] 提出了提升市场整体理性三个必要条件：①在“质”上加强基金治理，减少代理人的道德风险行为；②在“量”上壮大基金规模，使其成为市场的主导力量；③培养基金投资者的长期投资理念。

5.4 小结

本章运用修正的价值相关性研究方法，从会计信息价值相关性的视角解释我国资本市场中交易操纵者的行为特点。从交易操纵者获取信息的优势、理解信息的能力以及运用信息的方式三方面展开分析，提出三个研究问题：交易操纵者是否具备早于资本市场其他投资者获取会计信息的优势？交易操纵者能否区别不同会计信息的差异？操纵者如何利用会计信息进行交易？

本章第一节研究“交易操纵者是否具备早于资本市场其他投资者获取会计信息的优势”这一问题。首先分析了操纵者交易与会计盈余公告前后市场反应的关系，提出了两个假设：**H_1：盈余公告前，操纵者交易量增加；H_2：盈余公告后，操纵者交易量下降**。为了验证 H_3 和 H_4，选择盈余公告前和盈余公告后各 10 个交易日为研究窗口期（-10，10），以（-10，0）表示盈余公告前窗口期，（0，10）表示盈余公告后窗口期，定义了“操纵者基于盈余公告的交易量”变量（$P'tm_{j,n}$），对（-10，10）期间内 $P'tm_{j,n}$ 的变化进行了统计，结果显示：在盈余公告前后（-10，10）的窗口期内，操纵者交易量均较平时有所增加。尤其在（-6，0）时间窗口内，操纵者基于盈余公告的交易量上升且增幅明显，至盈余公告当日达到顶点后开始以较快的速度回落，到盈余公告 6 日后基本维持较低水平。实证结果证实了 H_3 和 H_4。为进一步说明交易操纵者是否先于资本市场获取了会计信息，又从会计信息价值相关性的视角考察了操纵者交易与会计盈余价值相关性的关系，提出了两个假设：**H_5：盈余公告前操纵者交易比例越高，会计盈余与公告前股价相关性越大；H_6：盈余公告前操纵者交易比例越低，会计盈余与公告后股价相关性越大**；为了验证 H_5 和 H_6，首先将样本公司按操纵者交易比例由小到大将样本公司分为 4 组（分别为 QE_1—QE_4），然后运用修正的价值相关性研究模型 adj. M（Ⅰ），分别对这两组研究样本进行回归分析，比较两组研究样本在模型判定系数和系数拟合值方面的差异。回归结果证实了 H_5 和 H_6。H_3 至 H_6 四个假设从交易量和会计信息价值相关性两方面证明了交易操纵者早于资本市场其他投资者获取信息的优势。

本章第二节研究“交易操纵者能否区别不同会计信息的差异，在信息理解方面是否存在功能锁定现象”这一问题。首先分析了操纵者交易量与暂时性盈余（TE）与可持续盈余（PE）以及经营现金流（CFO）和应计利润（ACC）的关系，提出两个假设：**H_7：可持续盈余和经营现金流占会计盈余的比重越大，操纵者交易量比例越大。H_8：暂时性盈余和应计利润占会计盈余的比重越大，操纵者交易量比例越小**。为验证 H_7 和 H_8，将所有样本公司按可持续盈余占当期会计利润的比重（PE/E）从小到大将所有样本分为 5 组（分别为 $Q_{PE}1$—$Q_{PE}5$），然后再按经营现金流占当期会计利润的比重（CFO/E）（分别为 $Q_{CFO}1$—$Q_{CFO}5$），这样就将样本数据分成了 5 × 5 组，对这些小组所对应的操纵者交易占比变量进行比较，比较结果证实了 H_7 和 H_8。为进一步说明，又从会计信息价值相关性的视角提出了两个假设：**H_9：操纵者交易量较大的公司，可持续盈余的价值相关性较高。H_{10}：操纵者交易量较大的公司，经营现金流的价值相关性较高。**为验证 H_9 和 H_{10}，分别运用修正的价值相关性研究模型，在前后各10个交易日（-10，10）的时间窗内对样本公司可持续盈余和经营现金流的价值相关性进行分组评价。结果表明，操纵者交易比例高的公司，可持续会计盈余和经营现金流的价值相关性较高，证实了H_9和H_{10}。说明操纵者偏好会计盈余质量较高的公司，交易操纵者在识别会计信息方面不存在“功能锁定”现象，结合第4章关于资本市场整体存在“功能锁定”现象的结论，说明交易操纵者在信息理解方面优于其他投资者。

本章第3节研究“交易操纵者如何利用会计信息”这一问题。提出假设：既然操纵者既具备先于市场其他投资者获取私人信息的能力，也能够识别不同会计信息差别化的定价含义，显然操纵者已经具备了理性投资者的特征，那么操纵者应该采取理性套利方式进行交易，买入价格被低估的股票而抛售价格被高估的股票。为此，构建了股票内涵价值与股票价格之比（P^V/P）变量以衡量股价是否被高估。将假设写为如下形式：H_{11}：当P^V/P大于1时，操纵者买入量大于卖出量；H_{12}：当P^V/P小于1时，操纵者卖出量大于买入量。实证研究以“P^V/P是否大于1”为标准将样本分成“股价被低估”和“股价被高估”两个子样本，比较操纵者对两个样本的交易是否存在套利倾向，结果表明：当股价被低估时，交易操纵者未表现出买入该股票的偏好，同样，当股价被高估时，交易操纵者也未表现出抛售该股票的偏好。不能证实H_{11}和H_{12}。

总之，实证研究的结果表明：虽然交易操纵者在会计信息获取和信息理解方面具有优势，而且能够识别不同会计信息的差异并利用这种信息优势进行交易，但操纵者交易使用该会计信息并非以理性套利为目的，本书根据噪音交易理论和DSSW模型进行了对此现象进行了解释：虽然交易操纵者在获取信息和识别信息方面具备了理性投资者的特征，但是由于我国尚未形成理性的投资环境，套利交易面临着巨大的噪音交易风险，同时市场具有强烈的跟风交易氛围，而交易操纵者又具有资金优势，所以其理性地选择交易操纵而非套利行为。由此可见，要提高资本市场定价效率发挥其优化资源配置作用的关键在于提升市场整体理性、营造理性的市场环境，而实现这一目标的最优方式就是大力发展机构投资者、逐步降低散户投资者比重。这一结论为资本市场监管层提供了依据。

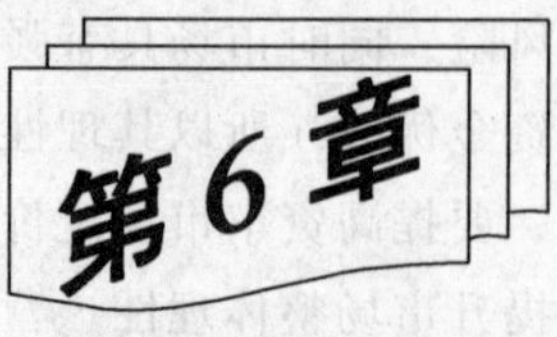

第6章 结论与展望

本章主要归纳本书所作的主要研究工作和结论，并提炼出主要创新点。在此基础上，针对本研究发现的交易操纵损害会计信息价值相关性问题，提出弱式有效资本市场会计信息价值相关性研究的建议。最后，指出本研究的不足和未来进一步研究的方向。

6.1 主要研究工作和研究结论

本书基于交易操纵视角，探讨资本市场效率对现行价值相关性研究模型的影响并提出修正该影响的研究方法，重新评估会计信息的价值相关性，以准确评价弱式有效资本市场会计信息的作用，为以此为基础进行的其他资本市场研究提供科学准确的依据。在中国资本市场的现实背景和前人研究的理论背景下，提出了本书要研究的几个问题，即：资本市场非有效状态是否影响以及如何影响现行价值相关性研究结论？采用何种修正方法可以较好地修正资本市场非有效对现行价值相关性研究的影响？运用该修正方法能否更准确地评估会计信息价值相关性？运用修正方法评估会计信息价值相关性，是否有助于解释资本市场中交易操纵者的行为特征？

本书在充分回顾已有研究成果的基础上，围绕上述四个问题展开分析。主要研究工作和研究结论构成了本书第 3、4、5 章。第 3 章讨论从理论和实证两方面讨论交易操纵对现行价值相关性研究模型的影响，指出现行价值相关性研究模型在模型系数拟合值和判定系数两方面存在偏差从而低估了会计信息的价值相关性；第 4 章构建修正的价值相关性研究模型并基于该模型对四类最经典、最常用的会计变量的价值相关性进行评价；第 5 章基于会计信息价值相关性的视角，从操纵者获取信息、理解信息和利用信息三方面讨论了操纵者交易特征。以下对本书研究的主要内容和主要结论进行简要总结：

1. 交易操纵对现行价值相关性研究模型的影响

首先，基于噪音交易理论和 DSSW 模型关于“交易操纵导致票价格偏离内涵价值”的研究结论，指出现行价值相关性以半强式有效资本市场为前提假设，而该假设并不符合资本市场的实际，这种研究假设的瑕疵损害了研究结论的准确性，导致现行研究混淆了“资本市场非有效”与“会计信息无价值”这两个不同的概念。运用数学推导分析交易操纵对现行价值相关性研究模型的影响，论证了现行价值相关性研究模型在模型判定系数和回归系数拟合值方面均存在低估的误差。

进而，对理论推导的结论进行了实证检验。手工收集证监会处罚公告将被证监会查处的交易操纵案例公司组成“被操纵公司”样本，而与“被操纵公司”行业相同且流通股规模相近的上市公司组成“未被操纵公司”样本。对两个样本分别运用现行价值相关性研究模型进行回归。选择了最重要的会计盈余变量和能够提供系数拟合值判别标准的内涵价值变量，比较两个样本回归模型系数拟合值与判定系数。结果发现，“未被操纵公司”回归系数拟合值更接近于理论值而且模型判定系数显著高于“被操纵公司”，证实了理论推导结果。

无论是理论推导还是实证检验，都可以得出以下结论：由于交易操纵引起股票价格偏离其内涵价值，导致现行的以有效资本市场为基本假设的会计信息价值相关性研究在回归方程的系数拟合值和回归方程判定系数上存在低估的偏差，从而将“会计信息无用”与“资本市场无效”相混淆，低估了会计信息的价值相关性。

2. 构建修正的价值相关性研究模型并进行实证运用

修正的价值相关性研究模型肯定了资本市场处于弱式有效甚至无效状态这一现实并从交易操纵视角指出：应该改变现行价值相关性研究逻辑，从“股票价格→会计信息”拓展为“股票价格→内涵价值→会计信息”，以理性股价替代股票价格进行价值相关性回归分析。修正的研究模型将现实资本市场股票价格转换为虚拟有效市场中的理性股价，以该理性股价取代股票价格来表征内涵价值，弥补了现行价值相关性研究模型的不足。

运用该模型对价值相关性研究领域最经典、最具代表性的四类会计信息（会计盈余及其构成、经营现金流及应计利润、权益账面价值与剩余收益、股票内涵价值）进行价值相关性分析。通过比较现行模型和该修正模型在回归系数拟合值和方程的判定系数上的差异，验证修正的价值相关性研究模型在评估会计信息价值相关性方面的优势。在此基础上，以修正价值相关性研究模型的实证结果，对我国资本市场中会计信息的价值相关性进行分析。

实证研究得出了以下结论：①修正的价值相关性研究模型的系数拟合值优于现行模型，模型判定系数高于现行模型，说明采用理性股价变量进行会计信息价值相关性研究部分地排除了非有效市场因素对研究结论的影响，更符合价值相关性研究的理论逻辑，能更准确计量会计信息的价值相关性水平。②会计信息具有较高的价值相关性。修正的价值相关性模型中，会计盈余（*E*）、可持续会计盈余（*PE*）和暂时性盈余（*TE*）、经营现金流（*CFO*）和应计利润（*ACC*）、账面净资产（*BV*）和剩余收益（*RI*）等变量的回归系数均显著为正。③资本市场整体上存在功能锁定现象。虽然可持续会计盈余（*PE*）和暂时性盈余（*TE*）、经营现金流（*CFO*）和应计利润（*ACC*）的计价涵义不同，但这些变量对股价的影响没有显著差异，说明资本市场并未对其进行差别定价。④我国资本市场中股票价格大大偏离其内涵价值和理性股价，股票价格被严重高估。

3. 运用修正的价值相关性模型，揭示我国资本市场中交易操纵者的行为特点

从交易操纵者获取信息的优势、理解信息的能力以及运用信息的方式三方面展开分析，提出三个研究问题：交易操纵者是否具备早于资本市场其他投资者获取会计信息的优势？交易操纵者能否区别不同会计信息的差异？操纵者如何利用会计信息进行交易？对上述三个问题分别提出假设并进行检验：

（1）从操纵者交易量与会计盈余公告前后10个交易日的市场反应、操纵者交易量对会计盈余价值相关性的影响两方面分析操纵者是否具备先于市场其他投资者获取私人信息的能力。实证结果表明，操纵者在会计盈余公告前10个交易日就开始根据其

私人信息进行交易，盈余公告前 6 个交易日开始交易量大幅增加，而在盈余公告后操纵者交易量大幅萎缩；且操纵者交易比例越高，会计信息与盈余公告前股价的价值相关性越高。证明了交易操纵者早于资本市场其他投资者获取信息的优势。

（2）从操纵者交易量与可持续会计盈余（*PE*）和暂时性盈余（*TE*）、经营现金流（*CFO*）和应计利润（*ACC*）的关系分析操纵者是否具备理解会计信息的能力。实证结果表明：操纵者偏好可持续盈余和经营现金流占比较大的公司，这类公司的会计盈余质量较高，说明操纵者理解可持续会计盈余（*PE*）和暂时性盈余（*TE*）、经营现金流（*CFO*）和应计利润（*ACC*）的差异。而且操纵者交易比例越高，可持续盈余和经营现金流的价值相关性越高，说明交易操纵者在识别会计信息方面不存在“功能锁定”现象，结合第 4 章关于资本市场整体存在“功能锁定”现象的结论，证明交易操纵者在信息理解方面优于其他投资者。

（3）从操纵者交易与套利交易的关系分析操纵者利用会计信息的方式。实证结果表明，虽然交易操纵者在会计信息获取和信息理解方面具有优势，能够识别不同会计信息的差异而且交易操纵者也利用这种信息优势进行交易，但其交易并未表现出“买入被低估股票，抛售被高估股票”的套利交易特征，说明操纵者交易运用会计信息并非以理性套利为目的。

6.2 本书主要创新点

本书选取对市场定价效率影响最广泛的交易操纵为研究视角，深刻剖析交易操纵导致的定价偏差对会计信息价值相关性研究结论的影响，提出弱式有效资本市场中准确评估会计信息价值相关性的修正方法并进行了实证检验。本书的主要创新有：

1. 运用最小二乘法基本原理，推导现行价值相关性研究方程的偏差并进行实证检验

由于资本市场尚未达到有效状态，导致以有效市场假说为前提的现行价值相关性研究存在将“资本市场无效”与“会计信息无价值”相混淆的错误。本书运用最小二乘法基本原理，通过数学推导证明：现行价值相关性研究模型在模型判定系数和回归系数拟合值两方面存在低估的误差，低估了会计信息的价值相关性，从而解释了价值相关性实证研究结果总是低于其理论预期值的现象。

进而对理论推导结果进行实证检验：通过手工收集证监会处罚公告将被证监会查处的交易操纵案例公司组成“被操纵公司”样本，而与“被操纵公司”行业相同且流通股规模相近的上市公司组成“未被操纵公司”样本，对“被操纵公司”和“未被操纵公司”两个样本分别进行价值相关性分析并比较二者差异，“未被操纵公司”回归系数拟合值更接近于理论值而且模型判定系数显著高于“被操纵公司”，证实了理论推导结果。

2. 提出修正的价值相关性模型、运用我国资本市场数据验证了该模型在系数拟合值和方程判定系数两方面均优于现行价值相关性研究模型；基于该修正模型评估了四类会计变量的价值相关性

修正的价值相关性模型基于“价值相关性是内涵价值与会计信息之关系”的概念界定，以理性股价表征内涵价值，建立理性股价与会计信息的回归方程来衡量价值相关性，分离了“资本市场无效”因素对价值相关性研究结论的影响。

进而，运用我国资本市场数据，分析比较了修正的价值相关性研究模型和现行模型对会计盈余、经营现金流与应计利润、股

权账面净值与剩余收益、股票内涵价值等四类会计变量的价值相关性研究结果。结果表明：6组进行配对比较的价值相关性模型中，修正模型的判定系数和系数拟合值均优于现行模型，证实了修正模型在评估会计信息价值相关性方面的优越性。最后，运用修正模型分析了我国资本市场会计信息的价值相关性，得出三方面结论：会计信息具有较高的价值相关性；资本市场整体上未对不同会计信息实行差异化定价，存在功能锁定现象；我国股票价格被严重高估。

3. 基于修正的价值相关性研究模型，论证了交易操纵者先于资本市场获取会计信息的特征及其正确理解会计信息的能力，揭示了操纵者运用会计信息的方式

运用本书提出的修正模型，从会计信息价值相关性视角对我国资本市场中交易操纵者的行为特征进行了实证研究。①通过分析操纵者交易量与会计盈余公告前后10个交易日的市场反应、操纵者交易量对会计盈余价值相关性的影响，发现：操纵者在会计盈余公告前10个交易日就开始根据其私人信息进行交易，盈余公告前6个交易日开始交易量大幅增加，而在盈余公告后操纵者交易量大幅萎缩；且操纵者交易比例越高，会计信息越反映在盈余公告前的股价中。证明了交易操纵者早于资本市场其他投资者获取信息的优势。②通过分析操纵者交易量与可持续会计盈余和暂时性盈余、经营现金流和应计利润的关系，发现：说明操纵者偏好可持续盈余和经营现金流占比较大这类会计盈余质量较高的公司，且操纵者交易比例越高，可持续盈余和经营现金流的价值相关性越高。交易操纵者在识别会计信息方面不存在“功能锁定”现象，说明交易操纵者在信息理解方面优于其他投资者。③通过考察操纵者交易与理性套利的关系，讨论了交易操纵者运用会计信息的方式。发现：虽然操纵者在信息获取和信息理解方

面具有理性投资者的特征，但其交易并未表现出“买入被低估股票抛售被高估股票”的偏好。本书基于噪音交易理论和DSSW模型对此进行了解释：由于市场噪音交易引发巨大的套利风险，且市场中具有强烈的跟风交易氛围，而交易操纵者又具有资金优势，所以其理性地选择交易操纵而非套利行为。这一研究结论为市场监管提供了理论依据。

6.3　对相关研究和实践的建议

本书研究结论可以提供以下借鉴和建议：

（1）明确指出资本市场在信息理解方面的失效导致现行价值相关性研究存在低估会计信息价值相关性的偏误，为研究弱式有效资本市场会计信息价值相关性问题提供了理论基础。

（2）对由交易操纵引起的股票定价偏差进行分析和计量不仅有助于评估交易操纵对资本市场效率的影响，更有助于量化散户投资者在交易操纵中的损失，为证券监管部门制订相应的监管、处罚和赔偿制度提供理论依据。

（3）会计信息价值相关性是资本市场会计研究的基础，其研究结果广泛应用于检验资本市场效率、评估会计准则实施的经济后果及创建股票价值评估模型等研究领域，准确评估会计信息价值相关性的重要性不言而喻。运用修正方法准确评估会计信息价值相关性，为以会计信息价值相关性为基础的其他资本市场会计研究提供了科学的依据。

（4）采用“大笔交易”信息界定操纵者交易变量为准确追踪及描述交易操纵者行为提供了一种便捷且有效的方法。已有研究大多以“一定时期内机构持股比例变动”表示操纵者交易，但是这种变量定义方法受机构投资者披露其持股信息频率所限，难以准确追踪操纵者交易对股票价格变动的影响。这一不足在操纵者交易十分活跃、换手率极高的中国资本市场中显得尤为突出。而本书基于更高频的交易信息定义的操纵者交易变量能较好地解决这一不足。

（5）关于交易操纵者市场作用的研究结论为相关部门制定监管政策提供理论基础和实证依据。

本书发现，我国交易操纵者虽然在信息获取和处理方面具备了理性投资者特征，能够识别股票定价偏差，但并未进行理性套利交易。其原因在于资本市场中噪音交易风险巨大且跟风行为导致市场存在有利于交易操纵的环境，所以理性投资者选择交易操纵更符合成本效益原则。而要发挥理性投资者积极的市场作用，必须大力发展机构投资者、逐步降低散户投资者比重，提升市场整体理性。这一结论为监管部门有的放矢地制定相关政策提供了依据。

6.4 本书的研究局限及未来研究方向

将行为金融学的分析框架和研究成果纳入资本市场会计研究领域是会计理论研究未来的方向，这方面的尝试还处于初步研究阶段。本书在研究和完成过程中，只是做了部分工作，还存在诸多问题需要在今后的研究和工作中继续进行：

（1）本书主要研究交易操纵对会计信息价值相关性的影响，而没有考虑会计信息对操纵者决策的影响。实际上，交易操纵可能是伴随着会计信息的披露而进行的，会计信息在操纵者选择操纵对象的过程中有何作用？会计信息是否操纵决策的基础变量之一？操纵者如何利用会计信息披露实施其交易操纵？这些问题也有待进一步研究。

（2）影响市场效率的因素错综复杂，本书仅考虑了交易操纵因素，虽然交易操纵是对股票价格产生最直接影响从而也对价值相关性研究产生最直接影响的主要因素，但是忽视其他因素仍可能影响结论的准确性。

（3）研究中样本量受到一定限制。虽然本书的研究已达到了统计要求，但由于我国证券市场发展较晚，数据库所包含的信息尚不齐全，导致研究数据的时间序列最长也仅十几年。为了运用剩余收益估值模型计算股票内涵价值，笔者要求具有 10 年时间序列数据，结果仅保留了不到 60 家上市公司组成研究样本。在会计信息价值相关性实证研究中，虽然样本公司数大大增加，几乎覆盖了所有非金融类上市公司，但还是由于时间序列过短不能分别对每一家公司实施时间序列回归，而只能采用面板数据进行回归分析，这可能降低了结论的准确性和说服力。

总之，如何准确评价弱式有效资本市场中会计信息价值相关性问题，剥离市场效率因素对研究结论的影响，是很有意义的研究课题，未来研究可在计量非理性行为累积影响、考虑会计信息对投资者行为的作用等方面进行深化。

[1] Kormedi, Lipe. Earnings innovations, earnings persistence, and stockreturns [J]. Journal of Business, 1987, (5): 323 – 345.

[2] Easton, Zmijewski. Cross – Soctional Variation in the Stock Market Response to the Announcement of Accounting Earninga [J]. Journal of Accounting and Econmics. 1989, (5): 117 –42.

[3] Lev B. On the usefulness of earnings and earnings research: lessons and directions fromt wo decades of empirical research [J]. Journal of Accounting Research. 1989. 27: 153 – 201.

[4] Fama, Eugene F. Efficient Capital Markets: A Review of Theory and Empirical Work. Journal of Finance, 1970, 25: 383 – 417.

[5] Francis, Schipper. Have Financial Statements Lost their Relevance [J]. Journal of Accounting Research. 1999, 37: 319 – 353.

[6] Chang. Momentum strategies [J]. Journal of finance. 1999, 51: 1681 - 1713.

[7] Core Guay, Buskirk. Market valuations in the New Economy: an investigation of what has changed [J]. Journal of Accounting and Economics. 2003, 34: 43 - 67.

[8] Kothari, Shanken. Time - series coefficient variation in value - relevance regressions: a dicussion of Core, Guay, and Van Buskirk and new evidence [J]. Journal of Accounting and Economics. 2003, 34: 69 - 87.

[9] 艾尔·巴比. 社会研究方法. 邱泽奇译. 华夏出版社（北京）. 2005: 6.

[10] Bernard, V. The Feltham - Ohlson Framework: Implications for Empiricists [J]. Contemporary Accounting Research, 1995, 11: 733 - 747.

[11] Kothari. Capital markets research in accounting [J]. Journal of Accounting and Economics. 2001, 17 (9): 105 - 231.

[12] 吴敬琏. "股市泡沫"与"规范股市" [J]. 经济管理. 2001 (19): 6 - 9.

[13] 戴园晨. 股市泡沫生成机理以及由大辩论引发的深层思考——兼论股市运行扭曲与庄股情结 [J]. 经济研究, 2001 (4:) 41 - 50.

[14] Walther. Investor Sophistication and Market Earnings Expectations [J]. Journal of Accounting Research. 1997, 35: 157 - 179.

[15] Balsam S., Batrov E., Marquardt C. Accruals Management, Investor Sophistication, and Equity Valuation [J]. Journal of Accounting Research. 2002, 40: 987 - 1012.

[16] Collins. D. W. , G. Gong, P. Hribar. Investor Sophistication and the Mispricing of Accruals [J]. Review of Accounting Studies. 2003, 8: 251 - 276.

[17] Allen, Frank, Gale. Stock Manipulation [J]. The Review of Financial Studies. 1992, 5 (3): 503 - 529.

[18] Financial Accounting Standards Board (FASB) . Objectives of Financial Reporting by Business Enterprises [R]. Statement of Financial Accounting Concepts No. 1. Norwalk, CT: FASB. 1977.

[19] 中华人民共和国证券法. 2005 年 10 月 27 日中华人们共和国主席令第四十三号公布 自 2006 年 1 月 1 日期实施。

[20] Beaver W. The information content of annual earnings announcements [J]. Journal of Accounting Research. 1968 (6): 67 - 92.

[21] Easton P, T Harris. Earnings as an Explanatory Variable for Returns [J]. Journal of Accounting Research. 1991 (29): 19 - 36.

[22] Collins DW, EL Maydew, IS Weiss. Changes in the value - relevance of earnings and equity book values over the past forty years [J]. Journal of Accounting and Economics. 1997, 24 (12): 39 - 67.

[23] Brown VL, Lo K, Lys T. Use of R2 in Accounting Research: Measuring Changes inValue Relevance Over the Last Four Decades [J]. Journal of Accounting and Economics. 1999, 28 (2): 83 - 115.

[24] Easton, Harries, Ohlson. Aggregate accounting earnings can explain most of security returns: The case of long return intervals

[J]. Journal of Accounting and Economics, 1992, 15: 119 - 142.

[25] Lys, Ramesh, Thiagarajan. The role of earnings levels vs. earnings changes in explaining stock returns: Implications from the time series properties of earnings, Working Paper, Northwestern Univerdity. 1998.

[26] Easton, Sommers. Tests of a Relation between Price and Financial Statement Data, 1999, Working paper, Ohio State University.

[27] Easton. Accounting for the impairment of long - lived assets: Evidence from the petroleum industry [J]. Journal of Accounting and Economic. 2000, 29 (2): 151 - 172.

[28] 邓传洲. 公允价值的价值相关性：B股公司的证据[J]. 会计研究, 2005, 10: 55 - 62.

[29] Server, Boisclair. Financial reporting in the 1990s [J]. Journal of accountancy. 1990: 36 - 41.

[30] Elliott, Jacobson. US accounting: a national emergency [J]. Journal of accountancy. 1991, 11: 54 - 58.

[31] Hayn C. The information content of losses [J]. Journal of Accounting and Economics. 1995, 20 : 125 - 153.

[32] Basu S. The Investment Performance of Common Stock in Relation to Their Price - earnings Ratios [J]. Journal of Finance. 1997, 32,: 663 - 682.

[33] Kang, Zhao. Information Content and Value Relevance of Depreciation: A Cross - IndustryAnalysis [J]. The Accounting Review. 2010, 85 (1): 227 - 260.

[34] Rimerman, T. W. 1990. The changing significance of financial statements. Journal of Accountancy 169 (4): 79 - 83.

[35] Dimitrov, Jain. The Value – Relevance of Changes in Financial Leverage Beyond Growth in Assets and GAAP Earings. Rutgers University, working paper, 2007.

[36] Jenkins. An information highway in need of capital improvements [J]. Journal of accountancy. 1994, 5: 77 – 82.

[37] Brimble, Hodgson. . On the intertepmoral value relevance of cinventional financial accounting in Australia [J]. Accounting and Finance. 2007, 47: 599 – 622.

[38] 向海燕，王平心．操纵者交易与股价噪音研究——兼论交易操纵者市场作用 [J]. 统计与信息论坛 . 2009, 24 (10): 70 – 73.

[39] Aboody. measuring value relevance in a (possibly) inefficient market [J]. Journal of accounting research. 2002, 40 (4): 965 – 986.

[40] 陆静．分割资本市场下的会计信息价值研究 [J]. 会计研究 . 2007.

[41] 边泓，周晓苏，郑嵘．启发式认知下的跨及信息价值相关性研究 [J]. 南开管理评论 . 2009, 12 (2): 107 – 114.

[42] 赵振全，刘淼，于震．中国上市公司会计信息价值相关性的动态分析与动因检验 [J]. 财贸经济 . 2007, 6: 45 – 50.

[43] Ball R. , Brown P. An empirical evaluation of accounting income numbers [J]. Journal of Accounting Research 1968 (6): 159 – 177.

[44] Holthausen R. W, RL Watts, the Relevance of Value Relevance Literature for Financial Accounting Standard Setting [J]. Journal of Accounting and Economics. 2001, 31 (1 – 3): 3 – 75.

[45] Lo K, Lys T. Bridging the Gap between Value Relevance

and Information Content, Working Paper [D]. University of British Columbia and Northwestern University. 2001.

[46] 汤云为，陆建桥. 财务会计发展所面临的挑战与出路[J]. 会计研究。1997，1：9－17.

[47] Ball. Problems in measuring portfolio performance An application to contrarian investment strategies [J]. Journal of Financial Economics. 1995, 38 (1): 79－107.

[48] Ohlson. earings, book values, and dividends in equity valuation, contemporary accounting research (1995) 11: 661－687.

[49] FelthamG A, Ohlson JA. Valuation and clean surplus accounting for operating and financial activities [R]. Contemporary Accounting Research. 1995, 11 (Spring): 689－732.

[50] Irving Fisher. The Theory of Interest, the Macmillan Company, New York. 1930.

[51] William R. Scott. 财务会计理论. 陈汉文等译. 机械工业出版社（北京）. 2000：91.

[52] Foster. Security Price Revaluation Implications of Sub－Earnings Disclosure [J]. Journal of Accounting Research. 1975, 13 (2): 283－292.

[53] Forsgardh, Hertzen. The Adjustment of Stock Prices to New Information [M]. International Capital Markets, 1975.

[54] Firth. The Relative Information Content of the Release of Financial Results Data by Firms [J]. Journal of Accounting Research, 1981, 19 (2): 521－529.

[55] Knight. The stimulation and planning of blood donation [J]. European Journal of Marketing. 1983, 17 (6): 65－73.

[56] McNichols, Manegold. . The effect of the information environment on the relationship between financial disclosure and security price variability [J]. Journal of Accounting and Economics. 1983, 5: 49 – 74.

[57] Forster. Quarterly accounting data: time – series properties and predictive – ability tests [J]. Theaccounting review. 1977, 52: 1 – 21.

[58] Patell, Wolfson. The intraday speed of adjustment of stock prices to earnings and dividend announcements [J]. Journal of Financial Economics. 1984, 13 (5): 223 – 252.

[59] Ball R, E Bartov. How Nalve is the Stock Market's Use of Earnings Information? [J] . Journal of Accounting and Economics. 1996, 21 (3): 319 – 337.

[60] Kin Lo, Thomas Z. Lys. Bridging the Gap Between Value Relevance and Information Content [J]. Working Paper, Sauder School of Business, 2000.

[61] Landsman, Maydew. Has the Information Content of Quarterly Earnings Announcements Declined in the Past Three Decades? [J]. Journal of Accounting Research. 2002, 40 (3): 797 – 808

[62] Min Wu. Earnings restatements: A capital market perspective [D]. New York University, 2002.

[63] Kothari S. Price – earnings regressions in the presence of prices leading earnings: earnings level versus change specifications and alternative defators [J]. Journal of Accounting and Economics. 1992 15: 173 – 302.

[64] Beave W, Clarke R. , Wright F, the association between

unsystematic security returns and the magnitude of earnings forecast errors [J]. Journal of Accounting Research. 1979, 17: 316 – 340.

[65] Lipe R. The Relation Between Stock Returns and Accounting Earnings Given Alternative Information [J]. The Accounting Review. 1990, 65: 49 – 71.

[66] Siva S, J Weintrop. The Information Content of Earnings, Revenues, and Expenses [J]. Journal of Accounting Research. 1991, 29 (2): 418 – 427.

[67] Strong N, Walker M. The explanatory power of earnings for stock returns [J]. The Accounting Review. 1993, 68 (2): 385 – 399.

[68] Collins D, Kothari S. An analysis of inter – temporal and cross – sectional determinants earnings response coecients [J]. Journal of Accounting and Economics 1989, 11: 143 – 181.

[69] Dhaliwal 会计信息, Lee and NJ Fargher. the association between unexpected earnings and abnormal security returns in the presence of financial leverage [R]. Contemporary Accounting Research, 1991fall: 20 – 41.

[70] Ball R, Kothari S P, Watts et al. Economic determinants of the relation between earnings changes and stock returns [J]. The Accounting Review. 1993, 68 (3): 622 – 638

[71] Ali A, P Zarwin. . The Role of Earnings Levels in Annual Earnings – Returns Studies [J]. Joumai of Accounting Research. 1992, Autumn: 286 – 96.

[72] Ohlson JA, PK Shroff. Changes versus Levels in Earnings as Explanatory Variables for Returns: Some Theoretical Considerations [J]. Journal of Accounting Research. 1992, 30: 210 – 226.

[73] Me Barth, R Kasznik. Revaluations of fixed assets and future firm performance: Evidence from the U.K [J]. Journal of Accounting and Economics. 1999, 26 (1): 149 - 178.

[74] A Ghosh. Sustained Earnings and Revenue Growth, EarningsQuality, and Earnings Response Coefficients [J]. Review of Accounting Studies. 2005, 10: 33 - 57.

[75] Lev B, SR Thagarajan. fundamental information analysis [J] Journal of Accounting Research 1993, autumn: 190 - 215.

[76] Sg Ryan, PA Zarowin. Why has the contemporaneous linear returns - earnings relation declined? [J] The Accounting Review. 2003, 78 (2) : 523 - 553.

[77] Beaver, Lambert, Morse. the information content of security prices, journal of accounting and economics (1980) 2: 3 - 28.

[78] Elliott and Hanna. repeated accounting write - offs and the information content of earnings, journal of accounting research supplement (1996) 34: 135 - 155.

[79] Ramakrishnan R, Thomas J. Valuation of Permanent, Transitory and Price - Irrelevant Components of Reported Earnings, Working paper, Columbia University, 1991.

[80] Barth Me, Wh Beaver, W Wolfson. Components of eamings and the structure of bank share prices [J]. Einancial Analysts Journal. 1990, 46 (May/June): 53 - 60.

[81] Ohlson, Penman. disaggregated accounting data as explanatory variables for returns: some theoretical considerations [J]. Journal of accounting research (1992) 30: 210 - 226.

[82] Kothari SP, Zimmerman J. Price and Return Models [J]. Journal of Accounting and Economics. 1995, 43, 301 - 339.

[83] Ohlson J. Earnings, Book Values, and Dividends in a Stewardship Setting with Moral Hazard [J]. Contemporary Accounting Research. 1999, 16.

[84] 赵宇龙．会计盈余披露的信息含量——来自上海股市的经验证据 [J]. 经济研究．1998 (7)．

[85] 陈小悦，陈晓，刘钊．A 股盈余报告的有用性研究———来自上海、深圳的实证证据 [J]．经济研究．1999, (6): 21 - 28.

[86] 黄志忠．论上市公司盈利的信息含量 [J]. 经济评论. 2002, (3): 121 - 124.

[87] 孙爱军，陈小悦．关于会计盈余的信息含量的研究——兼论中国股市的利润驱动特性 [J]. 北京大学学报（哲学社会科学版）. 2002, 39 (1): 15 - 27.

[88] 张庆翠．我国股票市场对定期报告的延迟反应异象研究 [J]. 经济科学. 2004, 2: 55 - 64.

[89] 王永锋，肖瑶．会计盈余披露的信息含量——来自上海故事小样本的经验政证据 [J]. 统计与决策. 2005, 1 (下): 101 - 102.

[90] 陆宇峰．账面净资产倍率和市盈率的投资决策有用性——基于"费森——奥尔森估值模型" 的实证研究 [D]. 上海：上海财经大学. 1999.

[91] 赵宇龙．会计盈余与股价行为 [M]. 三联书店, 2000.

[92] 赵春光．会计信息价值相关性的变迁 [J]. 经济管理. 2003.

[93] 赵宇龙，王志台．我国证券市场 '功能锁定' 现象的实证研究 [J]. 经济研究. 1999, (9).

[94] 王志台．海股市盈余持续性的实证研究 [J]．财经研究．2000，26 (5)：43 –48.

[95] Wu DongHui. Market Consequences of Earnings Management in Response to Security Regulations in China [J]. Contemporary Accounting Research. 2005, 22 (1): 95 –140.

[96] 孟焰，袁淳．亏损上市公司会计盈余价值相关性实证研究 [J]．会计研究．2005，5：42 –46.

[97] 李寿喜．中国企业利润质量与企业价值——来自中国证券市场的经验证据 [J]．经济管理——新管理．2005，20 (10)：23 –29.

[98] 张景奇，唐英力，邓志琼．上市公司会计信息价值相关性的变迁及影响因素分析 [J]．管理评论．2006，18 (7)：43 –46.

[99] Ou JA，Penman SH. AccountingMeasurement，Price – Earnings Ratio，and the Information Contentof Security Prices [J]. Journal of Accounting Research. 1989，27：111 – 144.

[100] Modigliani F，Miller M. The cost of capital，corporation finance and the theory of investment [J]. American Economic Review，1958，48 (3)：261.

[101] Bernard VL，Stober TL. The nature and amount of info rmat ion in cash flow s and accruals [J]. The A ccounting R eview. 1989 (O ctober)：624 – 652.

[102] Dechow PM. (1994) Accounting Earnings and Cash Flows as Measures of Firm Performance：The Role of Accounting Accruals [J]. Journal of Accounting and Economics 1994，18：3 –42.

[103] Biddle G，Seow G，Siegel A. Relative Versus Incremental Information Content [J]. Contemporary Accounting Research

1995, 12: 1 -23.

[104] Subramanyam KR. The Pricing of Discretionary Accruals [J]. Journal ofAccounting and Economics, 1996, 22: 249 -81.

[105] Sloan RG. Do Stock Prices Fully Reflect Information in Accruals and Cash Flows about Future Eamings [J]. The Accounting Review 1996, 71 (6): 289 -316.

[106] Black E. Life - cycle Impact on the Incremental Value relevance of Earnings and Cash Flow Measures [J]. Journal of Financial Statement Analysis 1998, 4: 40 -56.

[107] Beaver. The relevance of the value relevance literature for financial accounting standard setting: another view [J]. Journal of Accounting and Economic. 2001, 31 (1 -3): 77 -104.

[108] Francis J, A Smith. 2005 A Reexamination of the Persistence of Accruals and Cash Flows [J]. Journal of Accounting Research. 2005, 43 (3): 413 -451.

[109] Easton P. Accounting Conservatism and the Relation Between Returns and Accounting Data [J]. Review of Accounting Studies. 2004, 9: 495 -521.

[110] William, He, Karen. Conditional conservatism and the value relevance of accounting earnings: an international study [J]. European accounting review. 2006, 15 (4): 605 -626.

[111] Kumar, Krishnan. The Vlue - Relevance of Cash Flows and Accruals: The Role of Investment Opportunities [J]. The Accounting Review. 2008, 83 (4): 997 -1040.

[112] Yoon、Gwanju. The functional relationships among earings, cash flows and stock returns in Korea [J]. Review of accounting and finance. 2007.

[113] Pascale, Denis. On the relationship between voluntary disclosure, earings smoothing and thevalue - relevance of earings: the case of Switzerland [J]. European Accounting review. 2006, 15 (4): 465 - 505.

[114] 赵春光. 经营现金流量价值相关性的实证研究—兼评经营现金流量变准则的实施效果 [J]. 会计研究. 2004, 2: 29 - 35.

[115] 齐伟山, 欧阳令南. 超额应计利润的反转特征与市场价值评估 [J]. 管理科学. 2006, 18 (1): 74 - 78.

[116] 赵宇龙. 会计盈余与股价行为 [D]. 上海财经大学, 1999.

[117] 徐浩峰. 盈余持续性特征与中国资本市场效率的经济影响分析 [J]. 清华大学学报（哲学社会科学版）. 2006, S1: 13 - 20.

[118] 万宇洵, 陈波, 胡魏. 会计盈余, 经营现金流量的价值相关性实证研究—基于泸深股市的实证证据. 2007, 28 (147): 57 - 62.

[119] Collins DW, M Pincus, H Xie. Equity valuation and negative earnings: The role of book value of equity [J]. Accounting Review. 1999, 74 (1): 29 - 62.

[120] Begley J, G Feltham. The Relation between Market Values, Earnings Forecasts, and Reported Earnings [J]. Contemporary Accounting Research. 2002, 19 (1): 1 - 48.

[121] CA Marquardt, CI Wiedman. The Effect of Earnings Management on the Value Relevance of Accounting Information [J]. Journal of Business Finance. 2004, 31 (3): 297 - 332.

[122] S. Nagel. Short sales, institutional investors and the cross

-section of stock returns [J]. Journal of finance economics. 2005, 78 (2): 277-309.

[123] Hellstrom. The value relevance of financial accounting information in a transition economy: thecase of the Czech Republic [J]. European accounting review. 2006, 15 (3): 325-349.

[124] Kang, Pang. Economic development and the value-relevance of accounting information -A disclosure transparency perspective [J]. Review of accounting and finance. 2005, 4 (1): 5-30.

[125] Kee-Hong, Bae, Seok Woo Jeong. The value-relevance of earings and book value, ownership structure, and business group affiliation : evidence from Korean Budiness Group [J]. Journal of business finance and accounting. 2007, 34 (5, 6): 740-766.

[126] EI-Gazzar, Finn, Tang. The value relevance of earings and nonearings information in regulatedand deregulated markets: the case of the Airline Industry [J]. International Advances in Economic Research. 2009, 15: 88-101.

[127] 陈信元，陈冬华，朱红军．账面净资产，剩余收益与市场定价：会计信息的价值相关性 [J]. 金融研究．2002，4：59-70.

[128] 赵志君．股票价格对内在价值的偏离度分析 [J]. 经济研究．2003，10：66-74.

[129] 李向荣．中国上市公司会计信息与股价相关性在不同行业的差异 [J]. 经济管理-新管理．2005，12：8-14.

[130] Jianwei Liu and Chunjiao Liu. Value relevance of accounting information in different stockmarket segments: the case of Chinese A-, B-, and H-shares [J]. 2007, 6 (2) 55-81.

[131] 李晓强．国际会计准则和中国会计准则下的价值相关性比较 [J]． 会计研究．2004.

[132] 任煜．2004—2008 年我国银行股票价格与会计信息的价值相关性研究 [J]． 金融财经．2009，3：158－161.

[133] 刘永泽，孙翯．我国上市公司公允价值信息的价值相关性 [J]． 会计研究．2011，2：16－22.

[134] Anthony. Asymmetric Information in Financial Markets [J]. The British Accounting Review. 2004，36（2）：225－226.

[135] 刘煌松．股票内在价值理论与中国股市泡沫问题 [J]． 经济研究．2005，2：45－52.

[136] 扬善林，杨模荣，姚禄仕．股权分置改革与股票市场价值相关性研究 [J]． 会计研究．2006，12：41－46.

[137] Chopra，Lakonishok，and Ritter. Measuring abnormal performance：Do stocks overreact? [J] Journal of Financial Economics. 1992，2（31）：235－268.

[138] James Jiabalvo，Shivarm Rajgopal. Institutional ownership and the extent to which stock prices reflect future earnings [J]. Contemporary Accounting Research. 2002，19（1）：117－145.

[139] 周学农、彭丹．交易操纵者对中国股市波动性影响的实证研究 [J]． 系统工程，2007，25（12）：58－62.

[140] Nofsinger，Sias. Herding and Feedback Trading by Institutional and Individual Investors [J]. The Journal of Finance. 2002，54（6）：2263－2295.

[141] 向中兴．中国股票市场价格操纵问题研究 [D]． 四川大学博士学位论文，2006.

[142] Hart. On the profitability of speculation [J]. Quarterly Journal of Economics，1977（90）：570－590.

[143] Glosten 和 Milgrom. Bid, ask and transaction prices in a specialist market with heterogeneously informed traders [J]. Journal of financial economics. 1985, 1-30.

[144] Vila. Simple games of market manipulation [J]. Economics Letters. 1989, 29 (1): 21-26.

[145] Scharfastein, Stein. Herd behavior and investment [J]. The American Economic Review, 1990, 80 (3): 465-479.

[146] Banerjee. A simple model of herd behaviour [J]. Quaterly journal of economics. 1992, 107.

[147] Andreas. Monetary Policy and Staggered Wage Bargaining when Prices are Sticky. Uppsala University. Working Paper, 2006.

[148] De Long. J. Bradford, Shleifer. Andrei, Summers. Lawrence H, Waldmann, Robert J. Positive Feed back Investment Strategies and Destabilizing Rational Speculation [J]. Journal of Finance, 1990b (45): 379-395.

[149] Jarrow. A. Market manipulation, bubbles, corners, and short squeezes [J]. Journal of Financial and Quantitative Analysis, 1992 (27): 311-336.

[150] F. Allen, Gorton. Churning bubbles [J]. The Review of Economics, 1993 (60): 813-836.

[151] Chakraborty, A., B. yilmaz. Informed Manipulation [J]. The Wharton School University of Pennsylvania, Working Paper, 1999.

[152] 施东晖．证券投资基金的交易行为及其市场影响．[J] 世界经济．2001 (10): 26-31.

[153] 史永东，蒋贤锋．政府在防范股票市场操纵的作用 [J]. 中国金融学，2003，(3)．

[154] Mei, J., Wu. G., Zhou. C.. Behavior based manipulation: theory and prosecution evidence, SSRN Working Paper, 2004.

[155] 张屹山、方毅. 中国股市庄家交易操纵的模型与政策分析 [J]. 管理世界, 2007 (5): 40 - 48

[156] 班耀波, 齐春宇. 交易操纵者: 稳定市场还是加剧波动 [J]. 经济评论. 2003 (6): 94 - 98

[157] 蔡庆丰, 宋友勇. 超常规发展的交易操纵者能稳定市场吗? [J]. 经济研究. 2010, 1: 90 - 101.

[158] Hillion, Suominen. The manipulation of closing prices [J]. Journal of Financial Markets 2004, 7: 351 - 375.

[159] Khwaj, Mian. Unchecked intermediaries: Price manipulation in an emerging stock market [J]. Journal of Financial Economics. 2005, 78: 203 - 241.

[160] Yadlin Omri. Is Stock Manipulation Bad? A Theoretical Note with an Empirical Support. Berkeley Olin Program in Law&Economics, Working Paper, 1999.

[161] Aggarwal K. Rajesh and Guojun Wu. Stock Market Manipulation - Theory University of Michigan Business School, Working Paper, 2002.

[162] Bill M. Cai、Charlie X. Cai、Kevin Keasey (.. Which trades move prices in emerging markets?: Evidence from China's stock market [J]. Pacific - Basin Finance Journal. 2006, 4: 453 - 466.

[163] ErieC. Chang、SenDong. Idiosyncratic volatility, fundamentals, and institutional herding: Evidence from the Japanese stock market [J]. Pacific - Basin Finance Journal. l 2006, 14 (2): 135 - 154.

[164] Allen、Litov、Mei. Large Investors, Price Manipulation, and Limits to Arbitrage: An Anatomy of Market Corners. working paper, University of Pennsylvania, 2006.

[165] Carole C. , Tālis J. Putniņš Measuring closing price manipulation. University of Sydney, NSW, working paper, 2009.

[166] Hulisi、M. Mete 和 Ramazan Detecting stock - price manipulation in an emerging market: The case of Turkey. Expert Systems with Applications (2009, 36: 11944 - 11949.

[167] 张胜，陈金贤．深圳股票市场“庄股市场”特征的实证分析［J］．经济科学，2001（3）：62 - 69.

[168] 刘元海．陈伟忠．市场操纵过程的实证分析［J］．经济科学，2003（5）：90 - 97.

[169] 李广众．王美今．市场操纵与证券市场弱式有效性检验［J］．中山大学学报（社会科学版），2003（5）：103 - 109.

[170] 史永东，蒋贤锋．中国股票市场内幕交易的实证分析．东北财经大学，working paper，2003

[171] 黄长青，伟忠，杜少剑．我国证券市场股价操纵的实证研究［J］．同济大学学报（自然科学版）．2004（9）：1234 - 1238.

[172] 张羽、李黎．证券投资基金交易行为及其对股价的影响［J］．管理科学．2005（4）：77 - 85.

[173] 赵涛，郑祖玄．信息不对称与机构操纵——中国股市机构与散户的博弈分析［J］．经济研究．2002（7）：41 - 48.

[174] Fama EP. The Behavior of Stock Market Prices [J]. Journal of Business. 1965, 1: 34 - 105.

[175] Jensen, M. Some Anomalous Evidenee Regarding Market Efficiency [J]. Journal of Financial Economics, 1978, 6: 95 -

101.

[176] Fama. The adjustment of stock prices to new information [J]. International economics review. 1969, 10: 1-21.

[177] Frankel RM, CMC Lee. 1998. Accounting valuation, market expectation, and the crosssectional stock returns [J]. Journal of Accounting and Economics. 1998, 25 (June): 283-319.

[178] Landsman W, Maydew E. Has the Information Content of Annual Earnings Announcements Declined in the Past Three Decades? Working Paper, University of North Carolina. 1999.

[179] Asquith. Merger bids, uncertainty, and stockholder returns [J]. Journal of Financial Economics. 1983, 11 (1-4): 51-83.

[180] Roll, Richard. The Hubris Hypothesis of Corporate Takeovers. Journal of Business, 1986, 59: 197 -216.

[181] 陈小悦等. 中国股市弱型效率的实证研究 [J]. 会计研究. 1997, 9: 13-17.

[182] 徐龙炳. 有效市场理论的前沿研究 [J]. 财经研究. 2001 (8)

[183] 徐龙炳. 探讨资本市场有效性的一种有效方法: 分形市场分析 [J]. 财经研究. 1999, 1: 43-47.

[184] 吴世农. 我国证券市场效率的分析 [J]. 经济研究. 1996 (4): 13-19.

[185] Olsen, R. Behavioral Finance and Its Implications for stock Price Volatility. Financial Analysts Journal. 1998, 54: 10-18.

[186] Robert J. Shiller. Social security and institutions for intergenerational, intragenerational, and international risk - sharing

[J]. Carnegie - Rochester Conference Series on Public Policy. 1999, 50: 165 - 204.

[187] Herbert Simon. The uses of mathematics in the social sciences [J]. Mathematics and Computers in Simulation. 1978, 20 (3): 159 - 166.

[188] Kahneman D, Tversky A. Prospect theory: An analysis of decision under risk [J]. Econometric. 1979, 47 (2): 263 - 291.

[189] Shefrin and Statman. The Disposition to Sell Winners Too Early and Ride Losers Too Long: Theory and evidence. Journal of Finance, 1985, 40: 777 - 790.

[190] Sentana E, Wadhwani S. Feedback traders and stock return autocorrelations: evidence from a century of daily data [J]. The Economic Journal, . 1992, 102: 415 - 425.

[191] Koutmos G. Feedback trading and the autocorrelation pattern in stock returns: further empirical evidence [J]. Journal of International Money and Finance. 1997, 16: 625 ~ 636.

[192] 李少平，顾广彩，中国证券市场正反馈交易的实证研究 [J]. 系统工程 . 2007 (9) . 111 - 115.

[193] Black, F. Noise. Journal of Finance, 1986, 41: 529 - 543.

[194] Thaler, Richard. Mental Accounting Matters. Working Paper, University of Chicago, 1999.

[195] Friedman, Milton. The Case for Flexible Exchange Rates. IN Essays in Positive, 1953.

[196] Delong, Shleifer, Summers, Waldman. The Survival of Noisy Traders in Financial Markets [J]. Journal of business. 1991,

64 (1): 1 – 19.

[197] Palomino, Frederic. Noise Trading in Small Markets [J]. The Journal of Finance, 1996, 51: 1537 – 1550.

[198] Barberis, Thaler. Naive diversification strategies in retirement saving plans, American Economic Review 2001, (91): 79 – 98.

[199] Goodman G. The Money Game. McGraw – Hill, New York. 1968.

[200] Geweke J., Ans S. Porter – Hudak. The estimation and application of long memory time Series models [J] Journal of Time Series Analysis. 1983, (4): 221 – 238.

[201] Sharp William F. Capital Asset Prices: A Theorj' of Market Equilibrium under Conditions of Risk [J]. Journal of Finance. 1964, 9: 425 – 424.

[202] Penman, Sougiannis. A Comparison of Dividend, Cash Flow, and Earnings Approaches to Equity Valuation. Columbia University, working paper, 1996.

[203] PM Dechow, AP Hutton, RG Sloan. An Empirical Assessment of the Residual Income Valuation Model [J]. Journal of Accounting and Economics, 1999, 26: 1 – 34.

[204] Myers J. Implementing residual income valuation with linear informatio dynamics [R]. The Accounting Review. 1999 74 (1): 1 – 28.

[205] 周春生，杨云红，王亚平. 非对称信息证券市场中公司的最优股票增发策略 [J]. 数量经济技术经济研究. 2005, 6: 101 – 115.

[206] Watts. Conservatism in Accounting [J]. University of

Rochester, working paper, 2003.

[207] Walther, B. Investors sophistication and market earings eapectations [J]. Journal of accounting research. 1997, 35: 157-192.

[208] Bartov, Ferdinand A. Gul, J. S. L. Judy S. L. Tsui. Discretionary - accruals models and audit qualifications [J] Journal of Accounting and Economics. 2000, 30 (3): 421-452.

致 谢

夜深了，又在一个不眠之夜里，我写完了博士论文的最后一个句号。一边工作一边学习的艰辛是只有过来人才能体会的，何况我还是个孩子的妈妈。但是，经历了艰难和挫折后获得的些许成绩才显得分外甜蜜、分外珍贵。

能够进入全国管理学科的一流学府，跟随尊敬的导师王平心教授学习，是我一生的荣幸。王老师在我博士论文的选题、研究方案的设计、论证和写作过程中给予我悉心指导。在与导师相处的岁月里，王老师以渊博的学识和睿智的思考启迪着我，以坚韧的作风和严谨的学术态度感染着我，以和风细雨般的谆谆教诲鼓舞着我。攻读博士学位的几年里，导师带领我步入学术的殿堂，初步领略了学术研究的真谛，品味学术研究的苦与乐。衷心感谢王老师和师母陈老师对我的关心和照顾。

在博士学习、论文开题、撰写与预答辩中，得到了西安交通大学管理学院的张俊瑞教授、万迪昉教授、梁巧转教授、柯大钢教授、田高良教授、汪方军老师、欧佩玉老师等老师的点拨与指导。特别感谢尊敬的李怀祖教授对论文修改提出的宝贵意见。八十岁高龄的李老师，在繁忙的工作中不厌其烦地多次帮助我修改论文，对此我将永远铭记于心。

师兄弟何燎原博士、史青春博士、易颜新博士、李补喜博士、王可瑜博士、郭玲玲博士、李小军博士、张心灵博士、吴清华博士、张超博士、陈燕萍博士、杨红博士、雷丁华博士、焦建宁、赵玉洁、张晓、张同建等也对论文提出了一些建设性的意见，对于论文的撰写修改起到很大的帮助。在这里衷心地感谢各位老师和师兄弟的帮助。

感谢西安工业大学领导赛云秀教授、刘江南教授、廉振民教授对我的鼓励和支持，感谢我的同事刘卜教授、彭渝丽教授、黄宝健教授、侯建平博士、李刚老师、朱治安老师对论文提出的宝贵意见，感谢西安工业大学的硕士研究生苗春、彭文娟在繁杂的数据整理工作中所做的一切。没有大家的帮助，就不会有我今天的成绩。

最后要特别感谢我的先生，他和我一起营造了我们温馨的小家，是我坚强的后盾，与我并肩战胜生活中的一切挫折和挑战，在我博士学习期间给我巨大的鼓舞和支持，他的激励一直陪伴着我，他的信心一直推动我前行。还要感谢我的父母和妹妹，是他们在我学习期间帮助照顾我的女儿，减轻了我的压力，为了支持我的学习和工作，父母的两鬓增添了无数霜雪，正是他们的无私付出让我坚持到最后。感谢我活泼可爱的女儿，给我带来无尽的欢乐和力量。在陪伴女儿的过程中，我也伴随着女儿一起成长，女儿甜美的笑容是我最好的回报，女儿的点滴进步都是我最大的成绩！

向海燕

2012 年 7 月 30 日